YOGA
KOCHBUCH

YOGA KOCHBUCH

GEWÜRZTEXTE und REZEPTE: *Bettina Matthaei*

YOGATEXTE und ÜBUNGEN: *Anna Trökes*

FOTOS: *Michael Boyny*

INHALT

VORWORT

Die Yogapraxis ist im Grunde genommen eine Auseinandersetzung mit sich selbst. Wir suchen Klarheit, denn unsere Denkmuster, Widerstände, Spannungen, Bejahungen und Verneinungen verändern sich ständig. Wir trennen uns von Konzepten, die uns nicht gut tun und wenden uns Dingen zu, die uns beflügeln und zufriedener machen. Diese intensivere Auseinandersetzung mit sich und der eigenen Befindlichkeit, mit dem Nehmen und Geben führt auch dazu, dass sowohl die individuelle Ernährung als auch Verdauung bewusster wahrgenommen werden. Wir fragen uns immer öfter, was bekommt uns und was sollten wir gelegentlich verändern. Yoga als reinigende Praxis steht in diesem Sinn in einem direkten Zusammenhang zur Ernährung und vor allem auch zur Verdauung.

Alte Yoga-Texte, wie die Hatha-Yoga-Pradipika, die in der Mitte des 14. Jahrhunderts verfasst wurden, sind eine konkrete technische Anleitung für den Asthanga Marga, den achtgliedrigen Pfad, dem der Yogi folgen soll. Sie wenden sich in ihren genauen Anweisungen an junge Männer, die am Anfang ihrer Praxis stehen. Sieht man sich einmal Bilder von indischen Jungen an, so fällt einem deren Zartgliedrigkeit auf. Wir sind heute anders gebaut und beginnen meist viel später mit Yoga. Aus diesem Grund ist es nicht sinnvoll, alle Ernährungskonzepte, die die Texte erwähnen, unhinterfragt zu übernehmen. Auf eine Anweisung aus der Pradipika sollten wir aber unbedingt achten, denn sie ist heute aktueller denn je: Die Nahrung der Yogis soll frisch, abwechslungsreich und naturbelassen sein!

Immer wieder werde ich gefragt, ob man Vegetarier oder sogar Veganer sein soll, wenn man Yoga übt. Und stets ist meine Antwort: Yogis müssen gar nichts! Yoga ist nicht dogmatisch! Yoga ist die ganz große geistige Auseinandersetzung mit der Freiheit. Diese Auseinandersetzung soll sinnvoll sein und nicht sinnlos. Ernährungsdogmas sollten daher immer hinterfragt werden. Manche Menschen brauchen bedingt durch ihren ganz persönlichen Alltag, in ihrer individuellen Konstitution, tierische Proteine, andere dagegen können sehr gut ohne leben. Sicher ist, dass der hohe Fleisch- und Milchkonsum in unserer Überflussgesellschaft nicht zuträglich für unsere Gesundheit ist. Durch Yoga und durch zunehmende Sensibilisierung findet man heraus, was einem gut tut und was nicht.

Dennoch ist es sehr sinnvoll, seine Ernährungsgewohnheiten einmal genau zu betrachten, wenn man spezielle Zielsetzungen mit seiner Übungspraxis verbindet, zum Beispiel beweglicher zu werden. Mehr Beweglichkeit kommt durch leichtes Essen und kleinere Portionen. Wer beweglicher werden möchte, sollte sich daran gewöhnen, sich in der Regel nicht völlig satt zu essen. Eine gute Empfehlung für Yogis ist: Ein Viertel des Magens bleibt frei. Zu viel Nahrung und zu viel Gewicht belasten und lassen keinen Raum für Bewegung. Die Ernährung muss man aber auch dann anpassen, wenn die Yogapraxis einem mehr Ruhe und Gelassenheit schenken soll.

Ruhe und Gelassenheit kommen, wenn die Verdauung der Nahrung ungestört verläuft. Nahrungsmittel, die blähen oder aufstoßen und Nah-

rungsmittel, die schwer verdaulich sind, gehören also nicht auf den Speiseplan. Auch das Essen im Restaurant oder Schnellimbiss trägt nicht zur Ruhe bei. Scharfe Speisen oder sehr süße Desserts sind ebenso »unruhig« wie der Genuss von Kaffee und schwarzem Tee. Dagegen wirkt das Kochen von Gemüsesuppen, das Zubereiten von frischem Gemüse und Reis ungemein beruhigend. Wer zur Ruhe kommen will, sollte darüber hinaus regelmäßig essen. Nüsse oder gedünstetes Obst eignen sich als Zwischenmahlzeit hervorragend.

Oft wird vergessen, dass auch Menschen, die auf ihrem Yogaweg voranschreiten, die also die Atemübungen (Pranayama) oder die Meditation intensiv mit einbeziehen, das Üben gleichzeitig mit einer gezielten Ernährung unterstützen können. Pranayama und Meditation sind ja Reinigungs- und Konzentrationsübungen. Dementsprechend sollte das Essen gestaltet sein: Frisch, einfach kombiniert, rohkostbetont. Reife Früchte, die im Winter ruhig auch mal kurz gedünstet werden können, Salate und Gemüse (vor allem Wurzelgemüse wie Karotten, Rote Bete, Sellerie), dazu Sprossen, Keime und Kerne (Sonnenblumen- und Kürbiskerne) wegen ihres Phosphorgehalts. Etwas Fett darf auch dabei sein. Dafür eignen sich kalt gepresste Öle, Oliven und über Nacht eingeweichte Nüsse. Zudem sollten praktizierende Menschen herausfinden, welche Form von Kohlenhydraten ihnen am besten bekommt. Für viele Yogis sind Brot und Pasta weniger gut verträglich als zum Beispiel Reis oder Kartoffeln. Dann sollten sie den Speiseplan anpassen. Das Wichtigste bei diesen Empfehlungen ist der Hinweis auf Zu-

cker. Auch mit Zucker, insbesondere mit raffiniertem Zucker, sollten Sie behutsam umgehen. In großen Mengen wirkt er wie eine Droge und das Gehirn reagiert auf Zucker schnell und ungleichmäßig. Kleine Mengen brauner Zucker, Honig oder Ahornsirup sind für die meisten Menschen unbedenklich.

Wichtig ist jedoch vor allem, dass Sie für sich herausfinden, welche Nahrung Ihnen bekommt und was Sie wirklich nährt. Das vorliegende »Yoga-Kochbuch« bietet Ihnen eine Vielzahl von Anregungen und Rezepten, die den verschiedensten Bedürfnissen, die wir an unsere Yogapraxis haben können, angepasst sind.

Viel Freude beim Experimentieren und Zusammenstellen Ihres persönlichen Speiseplans wünscht Ihnen

Dr. Claudia Turske

Dr. Claudia Turske (Lalleshvari) ist promovierte Oekotrophologin und die erste deutschsprachige zertifizierte Anusara Yoga®-Lehrerin sowie geprüfte Yogalehrerin (IHK). Sie bildet zukünftige Anusara™ und IHK-Yogalehrer aus und bietet allen Studenten, die sich mit Yoga auseinandersetzen, einen höchstmöglichen Ausbildungsstandard. Sie ist Landesprüferin(B) und Fachreferentin für Yoga der W+W Yoga (IHK Bildungspartner). Außerdem ist Lalleshvari zertifizierte Hormon Yoga Therapeutin nach Dinah Rodrigues. Mit ihren Erfahrungen als Ernährungs- und Psychotherapeutin stößt sie immer wieder auf neue Aspekte des Miteinanders und bringt in ihren Klassen das Element der Mitte und des Gleichgewichts ein.

YOGAPRAXIS FÜR IHREN TYP

Oder warum es Sinn macht, dass nicht alle dasselbe üben

Wenn Sie mit der Yogapraxis beginnen, haben Sie sicher genaue Vorstellungen davon, was das Üben bewirken soll. Damit sich die gewünschten Wirkungen einstellen können, ist es wichtig, sich über Ihre Ausgangssituation Klarheit zu verschaffen.

DIE MEISTEN MENSCHEN, die sich für einen Yogakurs entscheiden, kommen aus zwei Gründen: Die einen wollen wieder beweglich werden und Übungen lernen, die ihnen Kraft und Geschmeidigkeit schenken. Die anderen möchten ruhiger werden. Sie möchten Übungen kennen lernen, die ihnen helfen, ihren Geist zu beruhigen und zu sammeln. Dann gibt es noch diejenigen, die mit dem Yoga beginnen, weil sie meditieren lernen möchten und sich für die spirituelle Komponente dieses Übungsweges interessieren.

AUFGRUND der verschiedenen Ziele braucht jeder Mensch eine unterschiedliche, seinen Bedürfnissen und Voraussetzungen angepasste, individuelle Übungspraxis, die es ihm ermöglicht, das zu erarbeiten, was ihm fehlt: die Beweglichkeit, die Kraft oder die innere Ruhe. Im Laufe der vielen Jahrhunderte haben sich in Indien und später im Westen eine Vielzahl von Yoga-Traditionen und Yoga-Stilen entwickelt, die die vielfältigen Ansprüche bedienen können. So kennen wir heute den athletisch-dynamischen Asthanga-Yoga nach Sri Pattabhi Jois, den kraftvoll ruhigen Iyengar-Yoga, den fließenden TriYoga nach Kali Ray, den ruhigen, individuell angepassten Stil des Vini-Yoga in der Tradition von Sri Krishnamacharya und seinem Sohn T.K.V. Desikachar oder den verfeinerten, meditativen Übungsstil des Kriya-Yoga in der Tradition von Yogananda oder des Yoga der Energie.

NUR WENN WIR in den Übungen des Yoga das finden, was unser Körper und unser Geist in der jeweiligen Situation braucht, wird das Angebot des Yoga in uns wirksam werden. Deswegen ist es so wichtig, dass Sie sich ganz klar darüber werden, was Sie im Yoga suchen und was Sie von diesem Übungsweg erwarten. Wenn Sie das in Erfahrung gebracht haben, werden Sie den Stil und den Lehrer/die Lehrerin finden, der das Beste aus Ihnen hervorlockt und Ihnen helfen wird, Ihr volles körperliches, geistiges und seelisches Potenzial zu entfalten. Er/sie wird Sie in Ernährungsfragen beraten und Ihnen individuelle Empfehlungen geben, die Ihnen helfen, Ihr Ziel zu erreichen.

Für jeden Yogaübenden gibt es allgemeingültige Ernährungsempfehlungen, die die Übungspraxis unterstützen und keine strengen Gebote oder gar Verbote sind. Es geht vielmehr um Unterstützung und Optimierung Ihres Wohlbefindens – im Alltag wie auf der Yogamatte. Vielleicht finden Sie im Yogakurs auch Gleichgesinnte, mit denen Sie sich zum Kochen oder zum gemeinsamen Essen treffen können. Dann fällt die Umstellung der Ernährung leichter und erfüllt Sie mit Freude.

YOGAPRAXIS UND ERNÄHRUNG

»Aus Nahrung geboren sind die Geschöpfe. Alle, wie sie auf Erden sind, durch Nahrung haben sie ihr Leben. In diese gehen sie ein zuletzt. Nahrung ist der Wesen ältestes, drum wird allheilend sie genannt.«
(Taittiriya Upanishad, II, 2)

DIESES ZITAT stammt aus einem der ältesten Texte des Yoga, der ca. 600 v. Chr. entstand. Schon damals setzte sich damit die Ansicht durch, dass die Körpergewebe des Menschen sich aus dem zusammensetzen müssen, was er als Nahrung bekommt. Sehr bald fanden die Yogis durch genaues Beobachten heraus, dass Nahrungsmittel und Gewürze den Körper auf ihre ganz eigene Weise bilden, nämlich so, wie gewissermaßen ihr eigenes Wesen ist. Die Yogis interessierten sich dafür, ob ein Nahrungsmittel reif und süß ist oder eher sauer und zusammenziehend, ob es im Licht reift oder in der Erde. Daraus folgerten sie, dass die Eigenschaften der Pflanze oder des Pflanzenproduktes auf den übergehen müssen, der sich davon ernährt. Ihre Beobachtungen sagten ihnen auch, dass bestimmte Substanzen in der Nahrung bestimmte Wirkungen im menschlichen Körper entfalten. Sie erkannten, was unseren Körper nährt und aufbaut und was ihn belastet beziehungsweise beschwert.

DIE YOGAMEISTER bemerkten, dass ihre Studenten nach dem Verzehr bestimmter Speisen schnell matt und schläfrig wurden und dass andere Gerichte sie eher unruhig und nervös machten, so als würde den Nahrungsmitteln eine jeweils eigene Energie innewohnen, die sich nach dem Genuss im Menschen entfaltet. So lag es nahe, dass sich die Yogis Gedanken über eine »Yoga-Diät« machten. Sie suchten nach Nahrungsmitteln und Gewürzen, die den Einfluss der Yoga-Übungen unterstützen und eventuell sogar verstärken und sie nicht abschwächen oder die Wirkungen zunichtemachen.

DIE GUNAS – GRUNDEIGENSCHAFTEN ALLER NAHRUNG

»Auch die Nahrung, die einer gern hat, ist von dreifachem Charakter, ebenso wie sein Opfer (der Grad seines Bemühens) seine Askese (seine Übungspraxis) und seine Spende.«
(Bhagavadgita, XVII, 7)

DIE NAHRUNGSEMPFEHLUNGEN der Yogameister basieren auf der Erkenntnis, dass jede Substanz über eine bestimmte Grundeigenschaft verfügt, die im Yoga *guna* genannt wird. Was damals durch Experimentieren und Beobachten erkannt wurde, lässt sich heute durch das Analysieren der Inhaltsstoffe erklären. So wissen wir inzwischen, dass scharfe Gewürze gewisse Inhaltsstoffe haben, die den Stoffwechsel stark anregen, die uns innerlich heiß machen und zum Schwitzen bringen, wie zum Beispiel Pfeffer oder Chili. Andere Inhaltsstoffe machen uns eher kühl, zum Beispiel die in Zitrusfrüchten. Wieder andere machen träge und müde, zum Beispiel die Substanzen in Pilzen, weil sie extrem schwer verdaulich sind.

Schließlich gibt es eine Reihe von Nahrungsmitteln, die gewissermaßen neutral in ihrer Wirkung sind und den Körper nur wenig zu belasten scheinen. Dazu gehören die meisten gedämpften Gemüse- und gekochten Getreidesorten sowie Milchprodukte.

Nach der Grundeigenschaft (*guna*) eines Nahrungsmittels unterscheiden Yogis drei große Gruppen:
- rajas – bewegt, aktiv, heiß
- tamas – unbewegt, ruhend, kalt
- sattva – rein, klar, ausgeglichen

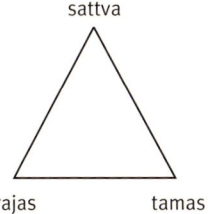

Die Yogameister wünschten sich, dass die Nahrung dem Übenden hilft, rein, klar und ausgeglichen zu werden. So suchten sie nach Nahrungsmitteln, deren Grundeigenschaft sattva ist. Ausgehend von der Überlegung, dass unsere Körpersubstanz – zu der auch der Geist gehört – sich aus der feinstofflichen Essenz, dem *guna* der Nahrung, formt, erarbeiteten sie ein wirkungsvolles Ernährungskonzept. Es basiert auf Substanzen, die nach ihren Beobachtungen bestimmte Wirkungen entfalteten. Das funktioniert natürlich nur, wenn sich der Mensch dauerhaft auf diese Weise ernährt.

SATTVISCHE NAHRUNG – GRUNDLAGE FÜR JEDE YOGAPRAXIS

»Das sattva-Temperament im mentalen und physischen Körper wendet sich seiner Natur gemäß den Dingen zu, die das Leben, die innere und äußere Stärke vermehren und sowohl die mentale, vitale und physische Kraft nähren, wie sie auch die Freuden, die Befriedigung und das Wohlbefinden von Sinn, Leben und Körper erhöhen, also allem, was kraftvoll und mild, stärkend und hungerstillend ist.«
(Bhagavadgita, XVII, 7)

SATTVISCHE NAHRUNG, also solche, die als rein, ausgeglichen und harmonisch gilt, bestimmt die Mahlzeiten in allen indischen Ashrams. Als Grundnahrung empfehlen die Yogameister vollwertiges Getreide, vor allem Reis, Weizen, Gerste, Hafer, Mais, Hirse und Quinoa.
Zweiter Grundbaustein sind Hülsenfrüchte, Mandeln, Walnusskerne und Sprossen.
Dritter Grundbaustein ist Gemüse wie Kürbis, Blatt- und Knollengemüse (Sellerie, Kohlrabi, Rote Bete, Karotten), am besten leicht gedünstet oder blanchiert.
Dazu kommen Milchprodukte wie Milch, Frischkäse und Joghurt, aber auch geklärte Butter (Ghee), die stark reinigend wirkt und die Organe von innen »schmiert«.
Sattvische Nahrung ist schwach gewürzt und eher süß. Für die Verdauung benötigt sie wenig Energie, weil sich ihre Inhaltsstoffe von den Verdauungsenzymen leicht aufschlüsseln lassen.

NAHRUNGSEMPFEHLUNGEN, die über viele Jahrhunderte hinweg unwidersprochen Gültigkeit hatten, bedürfen heute einer genauen Überprüfung. Auf den folgenden Seiten erfahren Sie, welche Ernährung für die unterschiedlichen Voraussetzungen und Bedürfnisse angemessen ist, damit sie uns darin unterstützt, unsere Energien zu harmonisieren.

INTERVIEW MIT URVASI LEONE

ANNA TRÖKES: Sehen Sie einen grundsätzlichen Zusammenhang zwischen Yogapraxis und Ernährung?

URVASI LEONE: Ja, durchaus! Ich verstehe die Yogapraxis als einen ganzheitlichen Weg, der Körper, Psyche und Geist mit einbezieht. »Da auf dem Yogaweg Energie benötigt wird, sollten wir unsere Ernährung danach auswählen, ob wir uns nach dem Essen energiegeladen oder müde und träge fühlen.« (Kali Ray in Bad Meinberg 2007). Die Selbstbeobachtung ist eine gute Orientierungshilfe, um herauszufinden, ob sich die eingenommene Nahrung günstig oder ungünstig auf uns auswirkt. Durch Selbstwahrnehmung und Beobachtung erkennen wir, ob ein bestimmtes Nahrungsmittel – wenn häufig genossen – zu Schwere und Steifheit oder zu Leichtigkeit und Flexibilität führt.

A.T.: Die indischen Schriften machen eine Reihe von Vorschlägen hinsichtlich der Ernährung. So heißt es im Basistext der Hatha-Yoga-Pradipika (Kap.1, Vers 63): »Der Yogi soll eine nahrhafte Nahrung zu sich nehmen, süß und fett, reich an Milchprodukten.« Muss eine solche Anweisung an die Yogapraxis und/oder an den westlichen Menschen angepasst werden?

U. L.: Sicherlich. Die Menschen im alten Indien haben täglich körperliche Arbeit geleistet. Man war auch den Naturgewalten, vor allem in den Bergen, viel stärker ausgesetzt und musste dementsprechend Kraftnahrung aufnehmen. Da in Indien Milchprodukte traditionell nur in geringen Mengen gegessen werden, muss man diese Anweisung auch im Verhältnis zu den landesüblichen Mengen sehen. Daher bedeutet die Empfehlung »reich an Milchprodukten« in Indien etwas anderes als bei uns.

Bei den meisten Menschen verringert sich das Enzym Laktase, welches den Milchzucker zerlegt, etwa ab dem dritten Lebensjahr. Das führt zu erschwerter Verdaulichkeit der Kuhmilch. Diese könnte aber durch Fermentierungsmethoden erleichtert werden: Beispiele dafür sind Joghurt, Kefir und Buttermilch. Andere Menschen reagieren mit vermehrter Verschleimung auf Milchprodukte. Allergien scheinen grundsätzlich zuzunehmen. Man muss selbst herausfinden, ob und wie viel Milchprodukte vertragen werden und gegebenenfalls auf vegane, also rein pflanzliche Nahrung, umsteigen.

Diejenigen, die Milch gut vertragen, können anhand von Typus, Lebensweise, Klimazone und Jahreszeit herausfinden, wie viel sinnvoll ist.

A. T.: Müssen Yogis unbedingt Vegetarier oder sogar Veganer sein?

U. L.: In der Yoga-Tradition wird vegetarische Ernährung aus verschiedenen Gründen empfohlen. Viele Yogis und Yoginis ziehen vegetarische oder vegane Ernährung vor, da sie keine Tiere verletzen möchten und *Ahimsa* (Gewaltlosigkeit) verwirklichen wollen. Es ist längst nachgewiesen, dass auch Tiere Liebe, Freude, Trauer sowie Schmerz, Leid und Todesangst fühlen.

Die Todesangst der geschlachteten Tiere bleibt als Information im Fleisch enthalten. Nach Swami Dr. Gitananda und nach Kali Ray kann Fleisch-

Urvasi Leone praktiziert seit etwa 20 Jahren Yoga und absolvierte zwei umfassende Yogalehrausbildung bei Sw. Dr. Gitananda sowie im TriYoga bei Kali Ray. Sie bildet TriYogaLehrer aus und leitet Yogalehrausbildungen, die vom BDY anerkannt sind. Sie ist Heilpraktikerin und beschäftigt sich intensiv mit der Ernährungswissenschaft.

genuss daher zu Ängsten, Depressionen und Aggressionen führen. »Solange es Schlachthäuser gibt, wird es Schlachtfelder geben.« sagte schon Leo N. Tolstoi. Wenn die Erkenntnisse der Quantenphysik zugrunde gelegt werden, wissen wir, dass alles was wir tun, auch Einfluss auf das ›Große Ganze‹ hat, im Sinne eines holographischen Weltbildes – »wie im Mikrokosmos, so im Makrokosmos«. Vegetarische Ernährung führt zu mehr Leichtigkeit, besonders wenn Milchprodukte nur wenig oder nicht mit einbezogen werden. In diesem Zusammenhang bemerkte mein ehemaliger Lehrer Swami Dr. Gitananda: »Lieber das Fleisch im Magen als im Kopf.« Also ein strenger Fleischverzicht, der aufgezwungen wird, macht innerlich rigide und unfrei und steht somit *Kaivalya* (Freiheit von einengenden Mustern) entgegen. In meiner langjährigen Unterrichtspraxis konnte ich beobachten, dass viele Menschen, die täglich Yoga praktizieren, immer weniger das Bedürfnis nach Fleisch und schwerer Nahrung verspüren.

A. T.: Welche Ernährungsempfehlung würden Sie geben, wenn man beweglicher werden möchte?

U. L.: Oft hat eine Übersäuerung des Körpers auch Steifheit zur Folge. Es hilft, den Schwerpunkt mehr auf basische Nahrungsmittel zu legen, zum Beispiel kräftige Blatt- und Wurzelgemüse und Vollkorngetreide mit eher neutraler Wirkung, wie Rundkornreis und Buchweizen. Auch Gelbwurzelpulver (Kurkuma) hilft.

Anstelle von Brot kann lockeres Getreide (roh oder gekocht) die Beweglichkeit steigern. Viele Menschen erleben, dass sie durch gebackene Nahrungsmittel selber »zusammenbacken«, lockere Nahrungsmittel (wie Körner) dagegen fördern die Lockerheit.

A. T.: Welche Ernährungsempfehlung würden Sie geben, wenn jemand ruhiger und gelassener werden möchte?

U. L.: Erfahrungsgemäß hilft es, den Anteil an Süßigkeiten, Weißmehlprodukten und Fleisch zu reduzieren und die Menge an Gemüse und Vollkorngetreide zu erhöhen. Es ist sinnvoll Nahrungsmittel zu vermeiden, die bekanntermaßen starke Stimmungsschwankungen auslösen.

A. T.: Welche Ernährungsempfehlung würden Sie geben, wenn jemand viel Pranayama übt oder sich in der Meditation vertiefen möchte?

U. L.: Menschen, die nicht vegetarisch leben, empfehle ich, mehr Obst und Salat zu essen, mehr Leichtigkeit in die Ernährung zu bringen und Schwerverdauliches wie Gebratenes zu meiden. Vegetarisches Essen hilft, leichte Nahrung aufzunehmen. Veganer sollten dagegen auch sogenannte »erdende« Nahrung wählen, damit sie mit Pranayama und Meditation nicht abheben. Beispiele sind Wurzelgemüse, Hülsenfrüchte und Tempeh. Hilfreich sind auch rote, orange oder gelbe Gemüse.

DER YOGA DES ESSENS

»Sanfte und wohlschmeckende Nahrung, die ein Viertel des Magens leer lässt und die zu Ehren Shivas gegessen wird, ist das, was man (im Yoga) angemessene Ernährung nennt.«
(Hatha-Yoga-Pradipika, I, 58)

DIE HATHA-YOGIS hatten schon immer ein spezielles Verhältnis zu ihrer Nahrung. Es beruhte auf dem Konzept, dass alles, was erschaffen worden ist – also sowohl der Körper, der genährt werden muss, wie auch die Nahrung, die ihn nährt – Ausdruck der göttlichen Schöpfungskraft »Shakti« ist. Jede Form von Nahrung wird somit als etwas Göttliches angesehen und wird deshalb mit großem Respekt und Verehrung zubereitet und gegessen.

Daraus ergeben sich einige »yogische Tischsitten«:
• Nehmen Sie sich immer ausreichend Zeit zum Essen.
• Konzentrieren Sie sich ganz auf das Essen. Wenn möglich, vermeiden Sie es, während des Essens zu sprechen, denn das verführt zum Schlingen.
• Widmen Sie sich Ihrem Essen mit Dankbarkeit und Respekt.
• Versuchen Sie, möglichst in einem friedvollen Geisteszustand zu essen. Wenn Sie wütend oder aufgeregt sind, warten Sie, bis die stärksten Emotionen wieder abgeklungen sind.
• Essen Sie langsam. Schmecken und genießen Sie die Nahrung, die Sie nährt.

• Essen Sie nicht mehr als nötig. Lassen Sie immer noch etwas Platz im Magen.
• Beobachten Sie genau, welche Nahrung Ihnen am besten bekommt und welche Sie nicht gut vertragen, selbst wenn Sie sich damit von herkömmlichen Ansichten (zum Beispiel »Rohkost ist für jeden gesund!«) verabschieden müssen.
• Achten Sie auf die Qualität Ihrer Nahrung. Essen Sie eher etwas weniger von Produkten mit höherer Qualität. Wenn möglich, entscheiden Sie sich für Bioprodukte aus kontrolliertem Anbau und artgerechter Tierhaltung. Meiden Sie Nahrungsmittel aus der industriellen Massenproduktion.
• Wählen Sie frische Nahrungsmittel. Vorgefertigte Gerichte und Konserven gelten im Yoga als *tamasisch*, das heißt energielos und nicht nährend.
• Entscheiden Sie sich so oft es geht für eine vegetarische Ernährung. Wenn Sie aufgrund Ihrer Konstitution oder Ihres Gesundheitszustandes Fisch und Fleisch essen sollen, wählen Sie stets die beste Bioqualität.

DIE GRUNDLAGEN DER »YOGA-ERNÄHRUNG«

Fast jeder, der regelmäßig einen Yogakurs besucht oder zu Hause übt, möchte etwas loswerden: die innere Unruhe, das ständige Umherschweifen der Gedanken, Schmerzen, Steifheit, ein paar Pfunde, Fehlhaltungen, schlechte Angewohnheiten wie beispielsweise flaches Atmen. Durch die regelmäßige Übungspraxis können wir loslassen, es entsteht ein Raum in uns, in dem sich neue Qualitäten entfalten können. Der Yoga versteht sich seit jeher als einen Weg des Loslassens und gilt als ein tief greifender und lebenslanger Reinigungsprozess. Diesen Prozess zu unterstützen, ist der wichtigste Grundsatz einer Yoga-Ernährung.

Denn die Ernährung trägt mit dazu bei, dass wir Anspannung und Schmerz oder das, was uns belastet und behindert, loswerden können und dabei gleichzeitig die Ruhe, Geschmeidigkeit und tiefe Atmung stärken. Mit der Übungspraxis reagiert Ihr Körper wesentlich empfindsamer auf das, womit Sie ihn ernähren! Nach einiger Zeit des Übens spüren Sie deutlich, zu welchen Speisen und Nahrungsmitteln sich der Körper hingezogen fühlt und vor welchen er sich schützen möchte.

Dennoch muss jeder Übende auf seinem Yogaweg selbst herausfinden, welche Nahrung ihm gut tut und welche ihn bei der Erfüllung seiner Wünsche unterstützt. Es gibt eine grobe Linie, der alle Yoginis und Yogis folgen können. Wählen Sie:

- eine vollwertige Frischkost mit einem hohen Anteil an Gemüse und Obst, Getreide und Nüssen;
- wenig Milchprodukte, und wenn, dann Produkte wie Frischkäse, Sahne und Joghurt in Bioqualität;
- wenig Eier und Eierwaren;
- wenig oder kein Fleisch oder Fisch;
- viel Tofu, Saitan und Tempeh;
- viel frische Kräuter und Sprossen;
- wenig Salz, dafür viele Gewürze;
- viel frisches Wasser, auch heißes, zum Beispiel als Ingwerwasser;
- wenig Alkohol
- hochwertiges Pflanzenöl und Ghee.

Mit dieser Vielfalt an Empfehlungen ist eine ausgewogene, wohlschmeckende und gut bekömmliche Ernährung garantiert.

Ghee

Der Yoga, besonders der Hatha-Yoga, arbeitet schon seit Jahrhunderten mit dem Ayurveda zusammen. In dieser Wissenschaft von der Gesundheit ist Ghee – gereinigtes Butterfett oder geklärte Butter – nicht nur ein sehr wichtiges Nahrungsmittel, sondern auch ein Heilmittel. Der Ayurveda empfiehlt, geklärte Butter zur geschmacklichen Abrundung anstelle von Butter zu verwenden. Bedingt durch seine Zubereitung ist Ghee ein leicht verdauliches reines Fett, das keinerlei Eiweißstoffe mehr enthält, die beim Erhitzen erhärten können. Der Körper nimmt es extrem leicht auf. Nach der ayurvedischen Überlieferung dringt das Butterfett in die Zellen des Körpers ein und löst dort Stoffwechselablagerungen heraus. Jeder, der mit Ghee kocht oder es pur einnimmt, weiß, dass es die Gelenke »schmiert«, weil es zur Entgiftung beiträgt. Als ein Heilmittel aktiviert es Leber, Galle und Bauchspeicheldrüse und bindet schädliche freie Radikale. Im Ayurveda gilt Ghee außerdem als eines der wichtigsten Mittel gegen den Alterungsprozess (*Rasayana*), weil es die Gehirnfunktion verbessert, das Gedächtnis stärkt und die Nerven schützend »ummantelt«. Auch das Verdauungsfeuer soll durch Ghee gestärkt werden.

DER ENERGIETYP
Wenn Sie Yoga üben, um zur Ruhe zu kommen.

Vielleicht gehören Sie zu den Menschen, die in einen Yogakurs gehen möchten, um endlich wieder ruhiger zu werden, um Entspannungstechniken zu lernen, damit sie wirklich abschalten können? Wenn Sie eine Kursbeschreibung wie diese anspricht, dann sind Sie wahrscheinlich ein »Energietyp«.

SIE SIND EIN ENERGIETYP, WENN:

- Sie sich gerne bewegen.
- Sie gerne intensiv üben, »heiße« Workouts schätzen.
- Sie ständig geistig sehr aktiv sind.
- Sie immer auf Hochtouren laufen.
- Sie Mühe haben, sich lange zu konzentrieren.
- Sie nicht abschalten können.
- Sie sich öfter erschöpft und ausgelaugt fühlen.
- Sie leicht schwitzen.
- Sie rasch nervös und gereizt sind.
- Sie schnell »sauer werden« – im übertragenen Sinn wie auch im Magen.
- Sie immer wieder zur Übersäuerung neigen.
- Sie öfter Schmerzen haben.

Als echter Energietyp sind Sie wahrscheinlich jemand, der viel schafft und umsetzt. Aber: Wenn Sie ständig auf »Hochtouren« sind, brauchen Sie unbedingt Ruhepausen, eine spezielle Übungspraxis und eine gezielte Ernährung, um Ihren großen Tatendrang und immer wachen, schnellen Geist zu beherrschen. Sorgen Sie daher regelmäßig für einen Ausgleich, dann bleiben Sie gesund und leistungsfähig. Fehlt der Ausgleich,

werden Sie wahrscheinlich nervös und unruhig, Sie fühlen sich schneller erschöpft und die Erholungsphasen dauern länger. Außerdem leiden Sie an den Folgen eines ständig hohen Energielevels, der wiederum zu Muskelverspannungen und/oder Rücken-, Nacken-, Kopf- oder Bauchschmerzen führen kann.

Energietypen sind hervorragend angepasst an unsere schnelllebige Leistungsgesellschaft. Wer mit ihnen zu tun hat, kann sich auf ihr schnelles Reaktionsvermögen verlassen. Sie sind sehr aufnahmefähig und geistig belastbar. Oft sind Energietypen hoch motiviert und widmen sich hingebungsvoll und voller Enthusiasmus ihren Berufen. Dabei neigen sie dazu, sich immer ausnutzen zu lassen und werden so allmählich zum Workaholic.

Da sich ihr Gedankenkarussell oft ohne Unterlass dreht, tagsüber und auch nachts, leiden Energietypen häufig an Einschlaf- und Durchschlafproblemen. Das hat zur Folge, dass Energietypen schnell gereizt und nervös sind und dabei Gefahr laufen, depressiv zu werden.

TYPGERECHTE ERNÄHRUNG

Als Energietyp brauchen Sie Nahrung, die Sie erdet und besänftigt. Das sind vor allem solide Kohlenhydratlieferanten und warmes Essen, das herzhaft, aber nicht zu scharf ist.

Sicher haben Sie schon bemerkt, dass Sie immer darauf Heißhunger haben, wenn Ihr Alltag turbulent ist oder Sie geistig stark gefordert werden. Was Sie dann am meisten anzieht, sind vielleicht Magenschmeichler wie Nudeln mit cremigen Saucen. Geben Sie diesem inneren Drang nicht nach. Entscheiden Sie sich lieber für alles, was in oder an der Erde wächst, dazu gehören Möhren, Rote Beten, Kartoffeln, Kürbis, Zucchini und Gewürze wie Ingwer und Kurkuma. Das Gemüse macht Sie spürbar ruhig und hilft Ihnen, sich zu verwurzeln. Planen Sie an anstrengenden Tagen am besten schon vorher eine »Wurzelsuppe« ein (Rezepte S. 54, 57), die sich schmeichelnd um die blank liegenden Nerven legt und Ihrem Bauch wieder das Lächeln lehrt! Wählen Sie möglichst gekochte oder gedünstete Speisen. Auch wenn Sie lieber schnell einen Salat oder Snack essen möchten – lassen Sie es bleiben. Essen Sie Antipasti oder knabbern Sie ein paar Mandeln, bis Sie Zeit zum Kochen haben. Allein der Kochvorgang wird Ihnen helfen, Ihren Geist ein wenig »herunterzufahren«. Und: Warmes Essen sollten Sie nicht einfach herunterschlingen, Sie dürfen es langsam genießen.

Bereiten Sie Ihr Essen möglichst frisch und mit wenig bearbeiteten Nahrungsmitteln in Bioqualität zu, die wesentlich intensiver schmecken. Nehmen Sie sich genügend Zeit, um jeden Bestandteil Ihrer Mahlzeit langsam und bewusst zu schmecken, zu kauen und vor allem zu genießen. Wahrscheinlich werden Sie eine Weile brauchen, um Ihre alten Essgewohnheiten zu verändern und im Alltag zu integrieren. Geben Sie nicht auf! Die Anstrengung lohnt sich auf jeden Fall, wenn Sie nach der erfolgreichen Umstellung gelassener und zentrierter Ihren Alltag bewältigen können.

Einige Grundregeln für den Tag:

• Nehmen Sie ein reichhaltiges, warmes Frühstück ein (Rezepte ab S. 46).

• Essen Sie die warme Hauptmahlzeit möglichst mittags. Das gilt besonders für Gerichte mit Hülsenfrüchten (zum Beispiel Dalgerichte S. 62) und tierischem Eiweiß. Die Yogis sagen, dass das »Verdauungsfeuer« mittags am besten brennt und dass diese substanzielle Nahrung uns am wenigsten beschwert. Deshalb gehört auch das Dessert zum Ausklang Ihrer Mittagsmahlzeit! Keine Sorge, ein gutes Mittagessen wird Sie nicht schläfrig machen! Es füllt nur Ihre leeren Speicher wieder auf, sodass Sie genug »Treibstoff« und reichlich Power für den Rest des Tages haben werden.

• Planen Sie, wenn immer es Ihnen möglich ist, einen kurzen Spaziergang nach dem Mittagessen ein. Bereits fünf Minuten werden Ihrem Körper gut tun.

• Essen Sie abends eher leicht und wenig, denn Ihr Verdauungsfeuer wird vermutlich immer kleiner, je später die Stunde schlägt. Wenn Sie zu spät noch etwas Herzhaftes essen, wird es die ganze Nacht im Magen liegen bleiben und Ihren Schlaf stören. Sollten Sie spät abends doch noch auf eine Kleinigkeit Appetit haben, entscheiden Sie sich für ein warmes Getränk, zum Beispiel Milch mit Honig, ein paar Mandeln oder naschen Sie einige Löffel Mandelmus.

DAS SOLLTEN SIE MEIDEN

Meiden Sie für mehr innere Ruhe vor allem rohe und kalte Nahrung. Dazu gehören Rohkost, Salate, Wraps, Zwiebeln, scharfe Gewürze wie Chili und große Mengen rohes Obst. Obwohl sie als gesund gelten, werden Sie als Energietyp Rohkost und Salate nicht gut verdauen können, vor allem, wenn Sie unruhig und aufgeregt sind und unter Stress stehen. In diesen Situationen hat Ihr Magen einfach nicht die nötige Ruhe für die Verdauungsleistung. Dann kann schon ein kleiner Salat stundenlang im Magen liegen und dort zu gären beginnen. Begünstigt wird dies noch, wenn Sie zum Abschluss der Mahlzeit einen Cappuccino getrunken haben. Gekochte Nahrung, also gedünstetes Gemüse und cremige Suppen, sind dagegen in stressigen Zeiten ideal, weil sie kaum blähen! Scharf gebratene und gegrillte Gerichte werden Ihnen voraussichtlich ebenfalls nicht bekommen, auch wenn Sie vielleicht zu Ihren Lieblingsgerichten gehören. Wenn Sie kross Gebratenes, Frittiertes und Ausgebackenes dennoch nicht von Ihrem Speiseplan verbannen möchten, gönnen Sie sich Ihre Lieblingsgerichte in ruhigen, stressarmen Zeiten, zum Beispiel im Urlaub im Strand-Restaurant oder bei einer Einladung zu einem gemütlichen Gartenfest.

Gehen Sie besonders kritisch mit jeder Form von vorgefertigter Nahrung um. Dazu gehören unter anderem Fertiggerichte, Gewürzmischungen, Tiefkühlpizzen und Dosensuppen. Industriell vorgefertigte Gerichte oder Gewürzzubereitungen enthalten in der Regel die verschiedensten Konservierungs- und Zusatzstoffe. In erster Linie sind dies Stabilisatoren, Farb- und Aromastoffe, die Ihnen im wahrsten Sinne des Wortes »auf den Geist gehen können«! Genau diesen Zusammenhang haben Wissenschaftler untersucht und herausgefunden, dass fast alle Nahrungsmittelzusätze Kinder nervös und zappelig machen.

Verzichten Sie also vorsichtshalber auf Industrie-Nahrung.

Seien Sie außerdem achtsam im Umgang mit Zucker und Genussmitteln wie Kaffee, Schwarz- und Grüntee. In geringen Dosen werden sie Ihnen nicht schaden, größere Mengen dagegen schüren die innere Unruhe und schwächen Ihre Nerven. Das gilt ebenfalls für große Mengen Kaltgetränke – auch für kaltes Wasser! Gönnen Sie sich stattdessen einen Powerdrink (Rezepte S. 49), der nährt und erfrischt! Oder trinken Sie einen warmen Kräutertee.

Einige Grundregeln für den Tag:

• Beginnen Sie den Tag gleich nach dem Aufstehen mit einem großen Becher heißer Zitrone und etwas Honig. Das reinigt, wärmt den Magen und beschwingt noch besser als Kaffee oder Tee, ohne jedoch nervös zu machen.

• Meiden Sie am Morgen alles, was trocken und kalt ist wie Müsli oder Brot und Brötchen aus Weißmehl. Ein Müsli mit frischem Obst wird Ihnen nicht die gewünschte Energie für den Tag schenken, sondern Sie werden sich nach dem Genuss eher kalt und unkonzentriert fühlen.

• Nehmen Sie sich täglich Zeit für ein Mittagessen. Diesen Energiekick brauchen Sie in der Tagesmitte! Verzichten Sie auf Snacks, Fastfood und alles, was Sie schnell und nebenbei herunterschlingen können!

• Trinken Sie im Laufe des Tages viel heißes Wasser. Das hält Ihren Stoffwechsel auf Trab und reinigt. Wenn Sie sich erschöpft und ausgepowert fühlen, bereiten Sie sich heißes Ingwerwasser mit Honig zu. Das wärmt und macht munter.

• Meiden Sie für eine ungestörte Nachtruhe nach Möglichkeit große Mahlzeiten zu später Stunde. Ihr Verdauungsfeuer wird so spät für die Verdauung nicht mehr aktiv genug sein.

INTELLIGENTES DIFFERENZIEREN FÜR DEN ENERGIETYP

Wo liegt das Problem?	Was Ihnen jetzt gut tut	Besser nicht!
der Tag war wieder mal extrem unruhig	ruhige, kräftigende und stabilisierende Asanas, tiefes, ruhiges Atmen warmes Essen, Wurzelgemüse, Getreide	schnelle Sonnengrüße, viele Wiederholungen, außer Atem kommen, kaltes, rohes Essen, Brot, Sandwichs, Wraps
Konzentrationsschwäche	Gleichgewichtshaltungen, ein festes Übungsprogramm, Atembeobachtung üben warmes, nahrhaftes, vitaminreiches Essen grüne Gemüse, Nüsse	viel Abwechslung in der Asanapraxis, den Atem führen wollen, Fastfood und Fertiggerichte, Zucker, Snacks, Hartkäse
Erschöpfung durch zu viel geistige Anspannung	Vorbeugen, ruhige Bewegungsabläufe synchron mit dem Atem, Umkehrhaltungen, Entspannung, warmes Essen, »Soulfood« wie Kartoffelgratin, Nudeln, Suppen; hochwertige Kohlenhydrate, Ghee gute Öle, warme Getränke	schnelle Bewegungsabläufe, Rückbeugen, kraftvolle Asanas, kalte, trockene Nahrung, wie Brot, Sandwichs, Wraps, »reduzierte« Nahrung, wie Light-Produkte, Rohkost
Nervosität und innere Unruhe	ruhige, kräftigende und stabilisierende Asanas, tiefes, ruhiges Atmen, warmes Essen, Nüsse, Wurzelgemüse, Getreide	schnelle Sonnengrüße, komplizierte Asanas, flaches Atmen, kaltes, rohes Essen, Brot, Sandwichs, Wraps
bei häufiger Übersäuerung	Reinigungsatmung, stoffwechselaktivierende Kundalini-Übungen, Vorbeugen, Umkehrhaltungen Hafer, Kartoffeln, Reis zum Entschlacken, viel Gemüse, Ghee, viel warmes Wasser trinken	anstrengende Asanas, in denen die Muskeln sehr angespannt sind, alle Säurebildner, wie Hartkäse, Fleisch, Kaffee, Tee Süßigkeiten, Weißmehl
Einschlaf- und Durchschlafstörungen	ruhige Bewegungsabläufe synchron mit dem Atem, Umkehrhaltungen, Verlängerung des Ausatmens, abends Suppen, gedämpfte Gemüse, Pasta, Milch mit Honig, ein Glas Wein oder Bier	Rückbeugen, anstrengende Asanas, Verlängerung des Einatmens abends scharfes Essen, schweres Essen, viel Alkohol
häufige Schmerzen	Reinigungsatmung, stoffwechselaktivierende Kundalini-Übungen, leichte Asanas, Bewegungsabläufe, Kartoffeln, Reis zum Entschlacken, viel Gemüse, Ingwerwasser, viel Ghee zum Entschlacken	anstrengende Asanas, in denen die Muskeln sehr angespannt sind, alle Säurebildner, wie Hartkäse, Fleisch, Kaffee, Tee, Süßigkeiten, Weißmehl

EMPFEHLUNGEN RUND UM DIE YOGAPRAXIS

Die Ernährung richtet sich natürlich danach, wann Sie im Tagesablauf üben können. Wenn die Yogapraxis für Ruhe sorgen soll, starten Sie mit einem kurzen, zentrierenden Programm in den Tag. Üben Sie dafür am Abend etwas länger, um wieder »herunterzukommen« und das Nervensystem auf Entspannung und Regeneration umzuschalten.

GESAMMELT IN DEN TAG STARTEN

Üben Sie gleich nach dem Aufstehen einige ruhige Bewegungsabläufe (s. S. 21):
• die Kindeshaltung (1)
• die Katze (2a, 2b)
• der Hund (3).
Planen Sie für das kleine Übungsprogramm etwa 15 Minuten ein. Oder üben Sie den Beginn eines Sonnengrußes (s. S. 21):
• Im aufrechten Stand die Hände vor der Brust aneinanderlegen. Einatmen (So 1).
• Ausatmend die Fingerspitzen nach unten führen. Einatmend die Arme in die Höhe heben (So 2).
• Beine etwas anbeugen. Die Arme ausatmend in die Tiefe führen, in die Rumpfbeuge kommen (So 3).
• Einatmend die Wirbelsäule strecken, den Kopf heben, bis der Rumpf in etwa parallel zum Boden ist (So 4). Einatmend aus der Kraft der Beine in den Stand kommen (So 15–16).
Verbinden Sie Atem und Bewegung, lassen Sie den Atem die Bewegung führen. Versuchen Sie, so tief und ruhig wie möglich zu atmen, sodass eine zentrierte und verinnerlichte Bewegung entsteht. Üben Sie danach noch einige Minuten die Wechselatmung oder tönen Sie ein Mantra Ihrer Wahl, zum Beispiel OM.

WECHSELATMUNG

• Kommen Sie in einen bequemen und aufrechten Sitz Ihrer Wahl. Legen Sie die Hände so auf die Knie oder Oberschenkel, dass die Arme entspannt gestreckt sind.
• Verbinden Sie sich mit Ihrem Atem, der über beide Nasengänge ein- und ausströmt und entspannen Sie atmend mehr und mehr.
• Atmen Sie über beide Arme und Nasengänge ein bis hoch zur Mitte der Stirn, wenden Sie den Kopf ein wenig nach links und atmen Sie von der Mitte der Stirn über den linken Arm aus.
• Atmen Sie über links wieder ein und drehen Sie den Kopf dabei zur Mitte zurück. Wenden Sie den Kopf etwas nach rechts und atmen Sie von der Mitte der Stirn über den rechten Arm aus.
• Fahren Sie damit fort: atmen Sie auf einer Seite aus und wieder ein → Seitenwechsel → atmen Sie aus und wieder ein → Seitenwechsel.
• Fahren Sie damit so lange fort, wie es Ihnen angenehm ist und spüren Sie anschließend nach, wie sich dieses Tun auf Ihren Atem und Ihren Geist ausgewirkt hat.
Nehmen Sie sich nach den Übungen ausreichend Zeit für das Frühstück. Genießen Sie morgens einen warmen Getreidebrei mit eingelegten Trockenfrüchten, Nusskernen und gekochtem Obst (Rezepte ab S. 46)! Er wird Ihre Mitte wärmen und Ihnen Kraft, Wärme und Ruhe schenken.

KLEINES ÜBUNGSPROGRAMM

Kindeshaltung (1)   Katze (2a)   Katze (2b)   Hund (3)

DER SONNENGRUSS

So 1 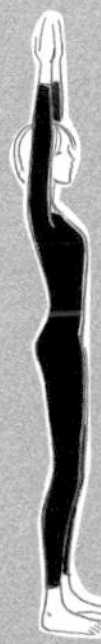   So 2    So 3    So 4    So 5    So 6

So 7    So 8    So 9    So 10

So 11    So 12    So 13    So 14    So 15    So 16

DEN TAG MIT YOGA AUSKLINGEN LASSEN

Wenn Sie viele Stunden allerlei zu bedenken hatten, sich intensiv im Multitasking üben durften und am Abend kaum noch wissen, wo Ihnen der Kopf steht, dann hilft Ihnen das abendliche Yoga-Programm, wieder zu sich zu kommen und sich zu sammeln.

Vielleicht gehören Sie zu den Menschen, die nach der Arbeit unbedingt erst einmal etwas essen müssen. Dann ist ein Dip mit etwas Brot (Rezepte S. 50) oder eine Suppe (Rezepte ab S. 54) genau das Richtige für Sie. Lassen Sie anschließend etwas Zeit verstreichen, bevor Sie mit Ihren Übungen starten, damit der Imbiss Sie beim Üben nicht belastet. Wenn Sie vor den Übungen nichts essen müssen, rollen Sie zum Ausklang des Abends zuerst Ihre Yogamatte aus. Bereiten Sie sich danach ein leichtes Abendbrot zu und genießen Sie es in aller Ruhe.

Wählen Sie Übungen aus, die Ihnen helfen, wieder in die eigene Mitte zu finden (s. S. 23):
- die Kindeshaltung (s. S. 23 Abb. 1 unten)
- der Hund (1)
- die Schulterbrücke (2)
- der Schulterstand (3) oder
- Gleichgewichtshaltungen wie der Baum (4)

Konzentrieren Sie sich in allen Haltungen auf Ihren Nabelraum, atmen Sie dabei tief und ruhig in den Bauch.

WENN DIE WOGEN HOCHSCHLAGEN

Selbst die besten Vorsätze geraten manchmal durch die Turbulenzen des Alltags ins Wanken. Das ist nun mal so und ist auch nicht weiter schlimm, solange die große Linie stimmt und Sie genau wissen, welche Nahrung, Essgewohnheiten und Lebensführung Ihnen gut tun und welche belasten.

Wenn Sie also mal wieder einen Tag erwischt haben, an dem der Stress überhand nimmt und Sie ein kaltes Sandwich achtlos und fast ohne Kauen herunterschlingen, bleiben Sie gelassen und nachsichtig mit sich. Entspannen Sie Ihren Bauchraum, indem Sie ein paar ruhige, tiefe Atemzüge nehmen. Das hilft dem Körper, die Hast und Unachtsamkeit wieder etwas auszugleichen. Vor allem aber unterstützt das tiefe Atmen den Teil des Nervensystems (den Parasympathicus oder Vagus), der für die Regeneration und damit auch für die Verdauungsarbeit zuständig ist.

Stellen Sie sich dabei vor, dass das, was Sie gerade gegessen haben, Körper und Geist wundervoll nähren wird. Versprechen Sie Ihrem Magen und Darm, gleich bei der nächsten Mahlzeit achtsamer zu sein. Und unterstützen Sie ihn in diesem Augenblick, indem Sie einen besänftigenden Salbeitee oder einen indischen Gewürztee mit Milch und Honig trinken.

Liegt Ihnen etwas wie Blei im Magen oder macht sich der Darm unangenehm bemerkbar, streichen Sie den Bauch in ruhigen, großflächigen

ÜBUNGEN FÜR DIE HARMONISIERUNG DER MITTE

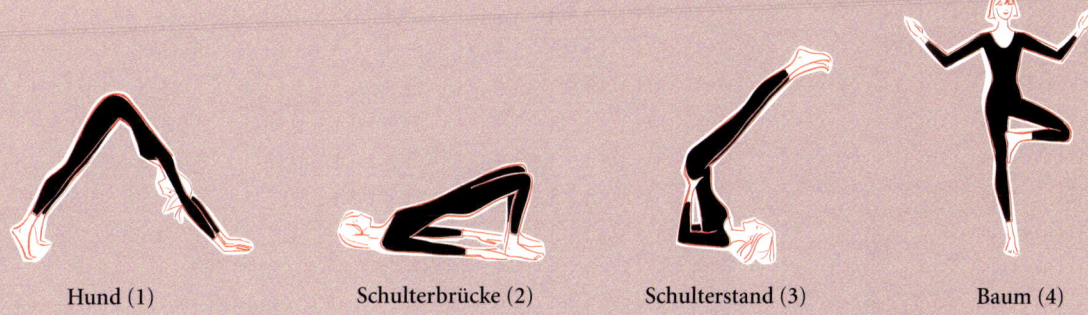

Hund (1)   Schulterbrücke (2)   Schulterstand (3)   Baum (4)

ÜBUNGEN FÜR EINEN ENTSPANNTEN BAUCH

Kindeshaltung (1)   Schildkröte (2)   Hund (3)

Vorbeugen im Sitz (4)   Drehsitz (5)   Schulterstand (6)

Bewegungen kreisend aus – rechts aufsteigend und links absteigend. Atmen Sie dabei so ruhig und tief wie möglich. Gestaute Luft kann so entweichen. Der Versuch, die Gase zurückzuhalten, verspannt die Bauchorgane und verkrampft Ihr Bauchhirn!

Sobald Sie zuhause sind, machen Sie einige Übungen zur Entspannung des Bauches: die Kindeshaltung (1), die Schildkröte (2), den Hund (3), die Vorbeuge im Sitz (4), den Drehsitz (5) oder einen gestützten Schulterstand (6).

DER RUHETYP

Wenn Sie Yoga üben, um beweglicher zu werden.

Gehören Sie zu den Menschen, die einen Yogakurs buchen möchten, weil Sie den ganzen Tag am Schreibtisch sitzen und sich viel zu wenig bewegen? Vielleicht sind Sie zudem im Laufe der Zeit etwas steifer geworden und haben nicht mehr so eine gute Kondition wie früher? Wenn eine Kursbeschreibung zu dieser Problemlösung Sie anspricht, dann sind Sie wahrscheinlich ein »Ruhetyp«.

SIE SIND EIN RUHETYP, WENN:

- Sie im Alltag zu wenig Bewegung haben.
- Sie in Ihrem Berufsalltag viele Stunden sitzen.
- Sie Mühe haben, »in die Gänge« zu kommen.
- Sie mit der Zeit etwas steif geworden sind.
- Sie schon ein kurzer Sprint aus der Puste bringt.
- Sie sich eher als Bewegungsmuffel einschätzen.
- Sie ruhige Übungsprogramme und lange Entspannungsphasen vorziehen.
- Sie ein ruhiges und zurückhaltendes Temperament haben.
- Sie gerne lange schlafen.
- Ihnen schnell kalt wird.
- Sie meistens langsam essen.
- Sie oft Erkältungen haben oder sich verschleimt fühlen.
- Sie zu Verstopfung neigen.

Als echter »Ruhetyp« bringt Sie so schnell nichts aus der Ruhe. Sie zeigen viel Ausdauer (»Sitzfleisch«!) und haben ein hohes Konzentrationsvermögen. Auf diese Weise bewegen Sie viel im Stillen und aus dem Hintergrund heraus. Auch, wenn Sie dabei ganz ruhig wirken, ist es doch möglich, dass Ihr Geist äußerst aktiv ist und vor Lebendigkeit sprüht – nur, dass Sie diese innere Bewegung nicht in äußere Bewegung umsetzen (müssen), so wie es der »Energietyp« tut.

Doch zu viel Ruhe bekommt dem Ruhetyp auch nicht, da der Mensch von Natur aus bestimmt ist, sich viel zu bewegen und dabei öfter mal ins Schwitzen zu geraten.

Wenn Sie für entsprechenden Ausgleich sorgen, werden Sie auf Dauer gesund und leistungsfähig bleiben. Fehlt Ihnen jedoch zum Ausgleich die Bewegung, ist Unbeweglichkeit vorprogrammiert. Es wird Sie immer mehr Mühe kosten, Sport zu treiben oder mit intensiven Yoga-Übungen zu beginnen. Verharren Sie in der Bewegungslosigkeit, bleibt Ihr Energielevel auf Dauer zu niedrig. Das kann zu Muskelschwäche und dadurch bedingte Haltungsschäden führen. Außerdem wird Ihr Körper in zunehmendem Maße dazu neigen, zu verschlacken und zu verschleimen. Denn das innere »Verdauungsfeuer« – im Allgemeinen und bezogen auf den Zellstoffwechsel – hängt auch stark davon ab, dass Sie sich regelmäßig auf Touren bringen.

Ruhetypen gelten in der Gesellschaft als »gemütlich« und belastbar. Oft täuscht jedoch die ruhige Fassade, weil unter ihr viele Verletzungen und Gefühle schlummern, die sie über Jahre hinweg in sich hineingefressen haben. Deswegen müssen Ruhetypen sehr achtsam mit sich umgehen, weil sie zu seelischer Erschöpfung und zum Burn-out-Syndrom neigen. Ihnen fehlt das wichtige Ausgleichsventil der Bewegung. Denn mit regelmäßiger Bewegung erscheinen Frust, Kummer, Sorgen und andere Beschwernisse in einem völlig anderen Licht.

TYPGERECHTE ERNÄHRUNG

Wenn Sie sich in letzter Zeit kaum bewegt haben, insgesamt ein bisschen »eingerostet« sind oder unter Rückenschmerzen leiden, brauchen Sie eine Ernährung, die Sie darin unterstützt, die Gewebe des Körpers zu entschlacken und zu durchbluten.

Die Natur hält dafür eine Menge an Gemüse, Früchten und Gewürzen bereit. Sie nähren den Körper, ohne ihn zu belasten. Wenn Sie sich im Alltag wenig bewegen oder Sie sich in Ihrem Bewegungsdrang eingeschränkt fühlen, weil der Rücken schmerzt, dann brauchen Sie eine Nahrung, die Sie im Inneren bewegt, wärmt und vielleicht sogar ins Schwitzen bringt.

Besonders gut geeignet sind kräftig gewürzte indische Linsengerichte, Getreide wie Hirse, Couscous, Dinkel, Quinoa, Reis und Kartoffeln. Beim Gemüse sind besonders die Kohlsorten intensive Stoffwechselaktivatoren. Und unter den Gewürzen hilft alles, was Sie innerlich wärmt. Das sind vor allem Ingwer, Senf, Wasabi, Pfeffer, Paprikapulver, Chili, Muskatnuss und vieles mehr. Auch scharfe Kräuter und Salate wie Basilikum, Petersilie, Minze, Kresse, Koriander, Löwenzahn, Rucola oder Radicchio wirken anregend und erwärmend.

Essen Sie möglichst zu jeder Mahlzeit Obst, Gemüse, Salat und Kräuter – entweder gedünstet oder auch roh. Bevorzugen Sie Pflanzenöle mit ungesättigten Fettsäuren, aber auch geklärte Butter (Ghee). Jeden Tag drei kleine Gläschen warmes Ghee reinigen die Gewebe und »schmieren« die Gelenke. Deshalb ist Ghee auch ein wesentlicher Bestandteil einer Ayurveda-Kur.

Den Hunger zwischendurch stillen Sie am besten mit einem Powerdrink (Rezepte S. 86) oder Obst. Bereiten Sie Ihr Essen möglichst frisch und mit wenig bearbeiteten Nahrungsmitteln in Bioqualität zu, die viel intensiver schmecken. Nehmen Sie sich genügend Zeit, um jeden Bestandteil langsam und bewusst zu schmecken, zu kauen und vor allem zu genießen.

Wahrscheinlich werden Sie eine Weile brauchen, um Ihre alten Essgewohnheiten zu ändern. Doch die Mühe lohnt sich, wenn Sie dadurch beweglicher und dynamischer werden.

Einige Grundregeln für den Tag:
• Beginnen Sie den Tag mit einem großen Glas heißem Zitronen- oder Limettenwasser mit einem Esslöffel Honig. Das aktiviert den Stoffwechsel und reinigt von innen. Im Sommer können Sie stattdessen Apfelessig mit Wasser verdünnt trinken.
• Wählen Sie ein leichtes, mit Früchten und Vollkornprodukten betontes Frühstück.
• Genießen Sie die warme Hauptmahlzeit mittags. Das gilt besonders für Gerichte mit Hülsenfrüchten und tierischem Eiweiß. Die Yogis sagen, dass das »Verdauungsfeuer« mittags am besten brennt und dass diese substanzielle Nahrung am

wenigsten belastet. So gehört der Salat sowie das fruchtige Dessert idealerweise an den Anfang der Mittagsmahlzeit, am besten etwa 30 Minuten vor dem Hauptgang. Dann ist die Vorspeise schon fast verdaut und Sie brauchen weniger von der Hauptspeise, um satt zu werden.

• Planen Sie immer einen kurzen Spaziergang nach dem Mittagessen ein. Wenn die Zeit knapp ist, genügen bereits fünf Minuten.

• Essen Sie abends wenig und was Leichtes, denn Ihr Verdauungsfeuer wird spät abends immer weniger. Gönnen Sie sich notfalls ein warmes Getränk, zum Beispiel Ingwerwasser mit Honig, ein paar Mandeln oder einige Vollkornkekse.

DAS SOLLTEN SIE MEIDEN

Meiden Sie alles, was Sie nach dem Essen schwer und träge macht. Das können üppige Mengen an Kohlenhydraten wie Nudeln, Aufläufe, cremige Suppen oder reichhaltige Saucen sein. Sparen Sie mit Salz und würzen Sie mehr mit frischen Kräutern oder unseren Gewürzmischungen.

Verzichten Sie auf Sahne- oder Vollmilchprodukte, Hartkäsesorten und Käse zum Gratinieren. Denn diese Produkte fördern das Verschleimen in den Atemwegen, Nebenhöhlen und im Darm. Wählen Sie stattdessen Alternativen wie Soja-, Hafer- oder Reismilch, fermentierte Milchprodukte wie Molke, Joghurt oder Kefir und Frischkäse, am besten aus Ziegenmilch.

Und meiden Sie unbedingt kalte Getränke zum Essen! Entscheiden Sie sich für große Mengen Mineralwasser, vor allem mit Kohlensäure! Bevorzugen Sie einen »kurzen« starken Espresso, fein gewürzt mit »Kaffee-Masala für den Ruhetyp (S. 43)« zur Aktivierung des Stoffwechsels. Gehen Sie besonders kritisch bei der Auswahl von Fertiggerichten, Gewürzmischungen, Tiefkühlpizzen und Dosensuppen vor. Industriell vorgefertigte Gerichte oder Gewürzzubereitungen enthalten die verschiedensten Konservierungs- und Zusatzstoffe. Die Zutatenliste auf der Verpackung informiert Sie über eventuell enthaltene Stabilisatoren, Farb- und Aromastoffe. Diese Inhaltstoffe belasten den Organismus zusätzlich und verschlacken. »Light«-Produkte haben in der Ernährung des Ruhetyps ebenfalls nichts zu suchen. Sie gaukeln nur vor, dass Sie sich damit besonders leicht und gesund ernähren. Prüfen Sie sehr genau, worauf sich die Kennzeichnung »Light« bezieht. Sie verleiten uns zum Verzehr von Nahrungsmitteln, die besonders stark denaturiert beziehungsweise verarbeitet sind.

Einige Grundregeln für den Tag:

• Meiden Sie morgens alles, was schwer und fetthaltig ist. Dazu gehören beispielsweise Bircher-Müsli, Käsebrot oder Hefezopf. Da am Morgen das Verdauungsfeuer noch nicht so aktiv ist, belastet ein reichhaltiges Frühstück Ihren Magen. Danach fühlen Sie sich weder frisch noch munter, sondern schnell müde und unkonzentriert.

• Nehmen Sie sich immer Zeit für das Mittagessen und orientieren Sie sich an den Rezepten in diesem Buch (Rezepte ab S. 92). Denn mittags sind das Verdauungsfeuer und Ihr Stoffwechsel besonders aktiv. Verzichten Sie bei der Zusammenstellung der Mittagsmahlzeit auf Snacks, Fastfood und alles, was nicht gründlich gekaut werden muss. Lassen Sie üppige Desserts stehen, sie bescheren Ihnen nur ein Nachmittagstief. Auch die Milch im Cappuccino oder Milchkaffee nach dem Essen behindert und verzögert den Verdauungsprozess – beide Getränke machen Sie daher nicht wach, sondern schlapp.

• Üppige Mahlzeiten zu später Stunde stören Ihre Nachtruhe, weil Ihr Verdauungsfeuer nicht mehr aktiv genug ist, um sie zuvor ausreichend zu bearbeiten.

INTELLIGENTES DIFFERENZIEREN FÜR DEN RUHETYP

Wo liegt das Problem?	Was Ihnen jetzt gut tut	Besser nicht!
Sie müssen den ganzen Tag sitzen oder stehen	tagsüber jede Gelegenheit zur Bewegung und zum Dehnen nutzen, »dezentes« Üben mit Füßen und Händen, viel Wasser leichte Kost, Salate, Rohkost alles, was zum Kauen anregt	enge Kleidung, die die Durchblutung einschränkt viel Kaffee, Süßigkeiten üppige Mahlzeiten und schwere Kost, Essen unter Zeitdruck, Fastfood, Snacks
Sie haben Mühe »in die Gänge zu kommen«	verabreden Sie sich mit jemand zum gemeinsamen Üben, gehen Sie in eine Yogagruppe, schaffen Sie sich einen Hund an. Suchen Sie sich einen Coach (z. B. per SMS); leichte, kräftig gewürzte Kost, Ingwerwasser, Chai, Belohnungshappen nach dem Üben	sitzende, passive Freizeit- aktivitäten wie Fernsehen PC, alleine üben, gute Vorsätze machen und wieder verwerfen, Schuld- gefühle, Süßigkeiten, Fastfood, Knabberzeug, Alkohol (vor allem Bier)
Wenn Sie etwas steif geworden sind	mäßiges, aber regelmäßiges Üben in der Yogagruppe für Anfänger, möglichst viel Gemüse, Obst und vollwertige Bio-Frischkost, Molke Ghee (auch kurmäßig)	Bewegung vermeiden, um sich nicht zu blamieren, Fleisch, Zucker, Weißmehl und alles, was den Körper sauer macht
Wenn Ihnen schnell kalt wird	intensive Kundalini-Yoga-Übungen, kraftvolle Bewegungsabläufe, lan- ges Halten der Asanas, Reinigungs- atem, kräftige gewürzte Getreide- gerichte und herzhafte Suppen, Ingwerwasser, Chai mit viel Ingwer und Zimt	Yoga zum Entspannen, sehr sanfte Yoga-Asanas mit vielen Wiederholungen, Salat, Rohkost, Sandwichs, Wraps, kalte Getränke, Zitrusfrüchte (auch als Saft)
Wenn Sie oft erkältet sind	intensive Kundalini-Yoga-Übungen, erhitzende Bewegungsabläufe, viel Schwitzen, Reinigungsatem, scharf gewürzte Gemüse- und Linsengerichte, Hühnersuppe, viel heißes Ingwerwasser mit Zitrone und Honig	ruhiges, entspannendes Üben mit sanfter Atmung, kühlende Atmung (durch den Mund), Hartkäse (auch zum Überbacken), Milch
Wenn Sie zu Verstopfung neigen	intensive Kundalini-Yoga-Übungen, erhitzende Bewegungsabläufe, Drehbewegungen, tiefes Atmen, Reinigungsatem, Bauchmassagen, scharf gewürzte Gemüse- und Getreidegerichte, Ingwerwasser, viel trinken (warmes Wasser), Zitrusfrüchte (auch als Saft)	ruhiges, entspannendes Üben mit sanfter Atmung, statische Asanas (außer Drehbewegungen), langes Sitzen, Fastfood, weißer Zucker, Weißmehlproduk- te, ballaststoffarme Kost Fleisch

EMPFEHLUNGEN RUND UM DIE YOGAPRAXIS

Die Ernährung des Ruhetyps richtet sich natürlich danach, wann Sie am Tag üben können. Wenn die Yogapraxis Sie wach und beweglich machen soll, beginnen Sie den Tag mit einem ganz kurzen, aktivierenden Programm. Üben Sie dafür abends als Ausgleich für den Bewegungsmangel während des Tages etwas länger.

MIT SCHWUNG IN DEN TAG STARTEN

Planen Sie für das aktivierende Übungsprogramm etwa 15 Minuten ein. Üben Sie gleich nach dem Aufstehen einige anregende Kundalini-Yoga-Übungen (s. Seite 29):

- Um die innere Achse schwingen (1)
- Die Arme nach oben schwingen (2)
- Arme und Beine kreuzen (3).

Üben Sie schnell und kraftvoll, sodass der Atem tiefer und intensiver wird und Ihnen innerlich warm wird. Setzen Sie sich danach noch einige Minuten hin und üben Sie die Reinigende Atmung oder tönen Sie ein Mantra Ihrer Wahl, zum Beispiel OM.

REINIGENDE ATMUNG
• Kommen Sie in einen bequemen und aufrechten Sitz Ihrer Wahl.
• Halten Sie sich für einen ersten Versuch mit Kapalabhati die Hand – oder ein Taschentuch – vor die Nase und atmen Sie leicht schnaubend so aus, als wollten Sie einen lästigen Fussel aus dem Nasengang entfernen. Wenn Sie sich ganz auf das Ausschnauben konzentrieren, wird Ihre Einatmung ganz automatisch erfolgen – ebenso, wie beim richtigen Schnauben! Dabei wird sich ausatmend Ihre Bauchdecke etwas nach innen bewegen und ausatmend wieder vorschnellen.
• Wenn Ihnen die Atemtechnik klar ist und Sie vor allem gespürt haben, dass Sie sich um Ihre Einatmung nicht kümmern müssen, sondern sich ganz der aktiven Ausatmung widmen können, können Sie mit der eigentlichen Übung beginnen.
• Atmen Sie dafür tief und entspannt ein und beginnen Sie, ganz leicht und fein schnaubend auszuatmen und automatisch einzuatmen.

KUNDALINI-YOGA-ÜBUNGEN

Um die innere Achse schwingen (1)

Füße beckenbreit und parallel auf eine rutschfeste Matte stellen. Achten Sie darauf, etwas Platz um sich herum zu haben. Gesicht und Mundraum entspannen, die innere Achse bewusst machen. Beginnen Sie sich um diese Achse zu drehen, dabei das Becken ruhig halten, die Arme locker um den Körper schwingen. Fahren Sie damit eine Weile fort, und lassen Sie Ihren Atem die ganze Zeit weiterfließen.

Arme nach oben schwingen (2)

Füße beckenbreit und parallel auf eine rutschfeste Matte stellen. Achten Sie darauf, etwas Platz um sich herum zu haben. Beide Arme gedehnt nach links oben heben, dabei zu den Händen schauen, einatmen. Arme schwungvoll nach rechts oben schwingen, Hände anschauen. Durch den Mund mit »ha!« ausatmen. Fahren Sie ein bis zwei Minuten mit diesen Bewegungen fort, und lassen Sie diese dabei immer schwungvoller und energiereicher werden.

Arme und Beine kreuzen (3)

Füße beckenbreit und parallel auf eine rutschfeste Matte stellen. Achten Sie darauf, etwas Platz um sich herum zu haben. Linkes Bein nach rechts oben an den Bauch ziehen, gleichzeitig schwingen die Arme nach links, sodass sich Bein und Arme kreuzen. Atmen Sie tief und kraftvoll aus dem Mund aus. Kehren Sie einatmend zurück in die Ausgangsstellung. Zum Abschluss stellen Sie Ihre Füße wieder hüftgelenkbreit und parallel zueinander.

- Machen Sie auf diese Weise zuerst 20, dann 40, schließlich 60 Atemstöße usw.
- Halten Sie den Oberkörper und den Kopf dabei völlig unbewegt, denn nur Ihre Bauchdecke sollte aktiv sein.
- Beenden Sie diese Übung, wenn Sie merken, dass Sie müde werden, und spüren Sie noch eine Weile nach.

Nehmen Sie sich nach den Übungen ausreichend Zeit für das Frühstück mit viel Obst und Müsli (Rezepte S. 84) oder Vollkornbrot mit herzhaften Dips (Rezepte ab S. 89) nach Wahl.

DEN TAG MIT YOGA AUSKLINGEN LASSEN

Wenn Sie viele Stunden sitzen oder stehen mussten und Ihr Geist intensiv gefordert war, dann lechzt der Körper abends nach Bewegung! Gönnen Sie sich deswegen noch vor dem Abendbrot ein ausführliches Bewegungsprogramm. Wer möchte, kann die Kundalini-Yoga-Übungen vom Morgen wiederholen. Üben Sie zum Abschluss einige Minuten die Wechselatmung. Erweitern Sie Ihr Übungsprogramm durch diese Übungen:

- Die Katze streckt das Bein (1a, 1b)
- Drehung im Vierfüßlerstand (2)
- Hund und Brett im Wechsel (3, 4)
- Sonnengrüße (s. S. 21) und
- Standhaltungen (5 bis 8).

Nach dem Üben haben Sie sich ein leichtes Abendbrot verdient. Verwöhnen Sie sich beispielsweise mit Vollkornbrot oder Vollkorntoast und einem leckeren Dip (Rezepte S. 90, 91) oder einer feinen Suppe (Rezepte S. 92). Beenden Sie den Tag vor dem Schlafengehen noch mit einem kleinen Spaziergang. Nach dem Rundgang wird Ihr Körper gerne wieder ruhen wollen.

WENN SIE NICHT IN DIE GÄNGE KOMMEN

Es gibt Tage, an denen Sie alle guten Vorsätze über Bord werfen müssen. Da nützt es auch nicht, wenn der Körper nach Bewegung dürstet. Das ist manchmal so und ist auch nicht weiter schlimm, so lange Sie Ihr Ziel nicht aus den Augen verlieren. Wenn Sie herausgefunden haben, welche Nahrung, Essgewohnheiten und Lebensführung Ihnen gut tun und welche belasten, können Sie jeden Tag aufs Neue entsprechend gestalten.

Wenn Sie wieder einmal einen Tag erwischt haben, an dem Sie stundenlang bewegungslos und hoch konzentriert in einer Sitzung oder am Computer gesessen haben – atmen Sie erst einmal ganz tief durch! Stehen Sie auf, gehen Sie einige Schritte im Raum umher, öffnen Sie das Fenster und dehnen Sie sich ausgiebig. Finden Sie zwischendurch einen Grund für eine kleine Bewegungseinheit – und sei es nur ein Gang in Richtung Toilette. Nutzen Sie jede Gelegenheit für einen Rundgang. Lassen Sie den Fahrstuhl links liegen und nehmen Sie die Treppe. Das hilft dem Körper, die Bewegungslosigkeit wieder etwas auszugleichen. Vor allem aber hilft die Vertiefung der Atmung, die sich dabei automatisch einstellt, den Kreislauf und die Durchblutung zu aktivieren. Gleichzeitig wird dadurch der Teil des Nervensystems (der Parasympathicus oder Vagus) angeregt, der für die Regeneration und Verdauungsarbeit verantwortlich ist.

Trinken Sie zur Unterstützung einen anregenden Kräutertee, zum Beispiel einen Ingwertee oder einen starken indischen Gewürztee mit etwas Milch und Honig.

Sollten Sie so erschöpft sein, dass Sie überhaupt keine Lust haben sich zu bewegen, belebt heißes Ingwerwasser oder ein Powerdrink Ihre müden Geister wieder. Vielleicht schaffen Sie es sogar nach dem Job den letzten Kilometer nach Hause

DAS TUT GUT: KRAFTVOLLE BEWEGUNGEN

Katze streckt das Bein (1a)

Katze streckt das Bein (1b)

Drehung im Vierfüßlerstand (2)

Hund (3)

Brett (4)

(5)

(6)

(7)

(8)

Katze (9a)

Katze (9b)

Hund (10)

Rückenbeuge aus der Bauchlage (11)

Drehsitz (12)

zu Fuß zurückzulegen. Sobald Sie zu Hause sind, beginnen Sie den Feierabend mit einigen Übungen, zum Beispiel:
- die Kindeshaltung (s. S. 23)
- die Katze (9a, 9b), den Hund (10)

- Rückbeugen aus der Bauchlage oder im Stehen (11)
- den Drehsitz (12)
- oder einige Standhaltungen (5 bis 8): Shivas Tanzhaltung (5, 6), Baum (7), Bogenschütze (8)

DIE PRANAYAMA-PRAXIS UND DIE MEDITATION

»Eine Übungspraxis wird nur dann Erfolge zeigen, wenn wir sie über einen langen Zeitraum ohne Unterbrechungen beibehalten, wenn sie vom Vertrauen in den Weg und von einem Interesse, das aus unserem Inneren wächst, getragen ist.
Schließlich können wir einen Zustand von Gelassenheit erreichen, der frei von Verlangen ist. Einem solchen Menschen enthüllt sich vollkommen sein wahres Wesen.«
(Patañjali's Yoga Sutra, 1. 14-16)

Die Körperhaltungen des Yoga, die »Asanas«, sind in den alten Yoga-Traditionen immer nur als Vorbereitung für die eigentliche Yogapraxis ver-

standen worden – die Meditation. Dabei sollten die Asanas so geübt werden, dass sie möglichst genau an die eigenen Bedürfnisse und persönliche Befindlichkeit angepasst sind. Dann sind sie extrem wirkungsvoll und helfen, körperliche und geistige Ungleichgewichte allmählich wieder auszugleichen. Ähnlich wirken auch die Atem-Übungen des Hatha-Yoga, die »Pranayamas«, die uns wie bestimmte Medikamente intensiver in die Ruhe, Vertiefung und Verfeinerung führen oder uns wieder aktivieren und energetisieren.

Grundsätzlich werden die Pranayamas als Pforte in die Meditation verstanden. Sie bewirken in der Regel, dass zuerst der Atem und anschließend der Geist ganz still wird und sich sammeln kann. Durch diese aktive Vorbereitung entsteht der Zustand der Meditation. Er ist gekennzeichnet durch eine tiefe Entspannung des Geistes und völliges Loslassen, sodass sich Empfindungen von Gegenwärtigkeit und Klarheit einstellen.

Meditieren ist das Ergebnis eines langen inneren Reinigungsprozesses, in dem nach und nach die Trübungen unseres Bewusstseins in Klarheit verwandelt werden. Im Yoga ist eine der gravierendsten Trübungen unseres Bewusstseins das Bild, das wir uns von uns selbst machen. Wer meditiert, beginnt allmählich zu verstehen, aus welchen Charaktereigenschaften, Fähigkeiten und Mängeln wir unser Ego beziehungsweise unsere Persönlichkeit erschaffen haben – also das Ich, mit dem wir uns ständig identifizieren. In der Meditation wird deutlich, dass das, was ich der Welt von mir zeige, bei weitem nicht alles umfasst, was ich in Wirklichkeit bin. Menschen, die regelmäßig meditieren, berichten von wichtigen Veränderungen in ihrem ganzen Leben – vor allem gewinnt ihr Leben sehr an Tiefe und Sinnhaftigkeit.

Durch die Meditation entdecken und fühlen wir, dass alles in dieser Welt irgendwie miteinander verbunden ist. Durch das Einüben der inneren Sammlung und die daraus wachsende Fähigkeit, die Welt mit den »Augen des Herzens« zu betrachten, entwickelt sich fast wie von selbst eine zunehmende Achtsamkeit für alles, was man tut, sagt und denkt.

YOGAPRAXIS VERTIEFEN – PRANAYAMA ÜBEN

»Die regelmäßige Praxis von Pranayama verringert die Blockaden, die uns an einer klaren Wahrnehmung hindern.«
(Patañjali's Yoga Sutra, 2.52)

Wenn Pranayama zu einem festen Bestandteil Ihrer Yogapraxis geworden ist, werden Sie Auswirkungen auf Ihr Nervensystem bemerken. Wahrscheinlich beobachten Sie, dass das intensive bewusste Atmen Sie viel feinfühliger, wesentlich empfindsamer und vielleicht etwas dünnhäutiger macht. In dieser Hochphase der Gefühle brauchen Sie eine ganz besondere Ernährung. Sorgen Sie für eine reichhaltige Ernährung, mit der Sie sich gut geerdet fühlen, ruhig und innerlich stabil bleiben. Denn das intensive Pranaymaüben ist eine sehr stoffwechselaktive Form der Atmung, die Ihren Körper stark fordert. In dieser Situation verlangt Ihr Körper nach vielen lebenswichtigen Nährstoffen. Geben Sie ihm, wonach er verlangt, damit Sie nicht auszehren, nervös werden und zu schnell überreizt sind.

Ideal sind leicht verdauliche, hochwertige Getreidegerichte aus Hafer, Quinoa, Hirse, Rundkornreis, Dinkel oder Buchweizen. Kombinieren Sie die gehaltvollen Getreidegerichte mit reichlich gedünstetem und mariniertem Gemüse. Genießen Sie in dieser Phase Avocados, sie stecken voller hochwertiger Fette und versorgen Ihren Körper mit lebenswichtigen Mineralstoffen und Vitaminen, die er so dringend braucht. Greifen Sie so oft wie möglich zu Mandelmus – ein Löffel zwischendurch füllt Ihre leeren Energiespeicher wieder auf.

Salate und Frischkost, Getreidebrei und Suppen ergänzen Sie am besten mit Sprossen und Nüssen wie Pinien-, Zedern- und Walnusskerne, Mandeln und Pistazien. Reichern Sie Obstsalate mit Pinien- oder Zedernkernen an. Und Honig liefert die Süße, auf die Sie nach längerem intensiven Atmen ganz gierig sein werden. Ghee und hochwertige Pflanzenöle wie Olivenöl und alle Sorten Nussöl sind besonders gut für Ihre Nerven.

Zu Beginn der Pranayama-Praxis besänftigen Milch und Ghee Ihr Nervensystem, das der tiefe Atem aufwühlt. Einer der wichtigsten Quellentexte des Hatha-Yoga, die Hatha-Yoga-Pradipika, sagt dazu: »Zu Beginn der Übungspraxis wird empfohlen, Mahlzeiten zu essen, die Milch und geklärte Butter enthalten (Ghee). Später, wenn die Praxis sich etabliert hat, ist eine solche Vorgabe nicht mehr nötig.« (HYP, 2.14)

Nach der Anpassung des Körpers an die Übungen braucht er die Unterstützung der Milch nicht mehr. Der weitere Genuss führt dann eher zur Verschleimung der Atemwege und damit zur Behinderung der Atmung. Ghee dagegen bleibt immer fester Bestandteil der Ernährung. Es hilft, die durch die Pranayamas freigesetzten Schlacken zu binden und abzutransportieren.

Trinken Sie rund um Ihre Pranayama-Praxis viel schwachen Kräutertee oder einfach nur warmes Wasser.

Zum Würzen eignen sich besonders Safran, Vanille, Kardamom, Kurkuma, Steinsalz (sogenanntes »Schwarzes Salz«), Koriander, etwas frisch gemahlener Pfeffer sowie alle frischen Kräuter, sofern sie nicht mit der Zwiebel oder dem Knoblauch verwandt sind.

EINIGE REGELN FÜR DIE PRANAYAMA-PRAXIS

Meiden Sie Zwiebeln und Knoblauch. Ihre ätherischen Öle erzeugen starke Wirkungen im Körper, indem sie beispielsweise Ihren Kreislauf stark beeinträchtigen. Bei intensiver Pranayama-Praxis und gleichzeitigem Verzehr spürbarer Mengen Zwiebel und Knoblauch lässt sich nicht mehr unterscheiden, woher die erwünschten oder unerwünschten Wirkungen kommen – von der Atmung oder Ernährung.

Verbannen Sie alle Nahrungs- und Genussmittel sowie Gewürze, die Sie innerlich erhitzen und Ihren Kreislauf anregen oder Sie gar aufputschen.

YOGAPRAXIS ERWEITERN – MEDITATION ERFAHREN

»Versetzt sich der Yogin beständig durch Beherrschung seiner mentalen Kräften in (den Zustand des) Yoga (Meditation), erlangt er den erhabenen Frieden des Nirvanas.

Dieser Yoga ist wahrlich nichts für einen, der zu viel isst oder zu viel schläft; und ebenso ist er auch nichts für einen, der auf Schlafen und Essen verzichtet.

Regungslos wie das Licht einer Lampe an einem windstillen Ort ist das unter Kontrolle gehaltene Bewusstsein des Yogins, der das Einswerden mit dem Selbst übt (es ist frei von seiner ruhelosen Betätigung, abgeschlossen von seiner äußeren Bewegung)«
(Bhagavadgita, 6., 15-16 & 19)

Meditation bedeutet, den Geist vollkommen zu entspannen und wirklich innerlich loszulassen. Zu Beginn der Meditation werden Sie feststellen, dass zwei Zustände Ihren Wunsch, die eigene Tiefe zu erfahren, immer wieder sabotieren. Der eine ist das wilde Umherschweifen des Geistes, der andere die aufkommende Schläfrigkeit und Dumpfheit. Beide Zustände gründen in der Art und Weise, wie unser Gehirn mit all seinen Botenstoffen funktioniert. Wenn endlich im Außen Ruhe einkehrt, und der Geist nicht mehr gezielt seine Themen verfolgt, dann kann alles, was unbearbeitet in seinen Ecken schlummerte, aufwachen und sich als Gedanke und Gefühl bemerkbar machen. Wenn etwas in uns entscheidet, dass das, was da angeschaut werden will, zu brenzlig ist, dann bietet die Schläfrigkeit einen willkommenen Vermeidungsmechanismus.

Es dauert lange, bis der Geist die Ruhe, Klarheit und Wachheit erlangt, die wir in der Meditation suchen. Durch eine passende Ernährung können wir unseren Geist darin unterstützen, wach zu bleiben ohne unruhig zu werden.

Da Sie während der Meditation viel sitzen und sich wenig bewegen, darf die Nahrung leicht verdaulich, aber nicht zu kalorienreich sein. So sind auch in dieser Phase des Übens wiederum Getreidemahlzeiten eine gute Basis. Kochen Sie sich aus Wasser oder Milch und Hafer, Hirse, Buchweizen, Quinoa oder teilweise auch Reis ein Getreidegericht (Rezepte S. 122). Je nach Vorlieben – süß oder salzig – passen sehr gut gedünstetes Gemüse, Kompott oder gedämpftes Trockenobst dazu. Wählen Sie zum Kombinieren leicht verdauliches Gemüse aus, vor allem Sorten, die nicht blähen. Das gilt auch für Rohkost oder Salat!

Nüsse, Nussmus (am besten von süßen Mandeln) und Nussöle sind essenzielle Nahrungsmittel für den meditierenden Yogi.

Traditionell sieht die indische Küche viele Milchprodukte für meditierende Menschen vor. Folgen wir diesen Ratschlägen in unserem eher kühlen Klima, können wir durch Milch verschleimen, dumpf und müde werden. Wählen Sie Alternativen wie Joghurt, zubereitet als Lassi, Ziegenfrischkäse, und wenn Milch, dann eher Magermilch. Sehr empfehlenswert ist ein Schuss Sahne im Tee. Zum Süßen ist Honig am besten, denn er macht Sie nicht so schnell müde wie herkömmlicher Zucker.

Verwenden Sie weiterhin regelmäßig Ghee. Die Meditation hilft Ihnen, Ihren Geist zu reinigen, zu beruhigen und zu klären. Die geklärte Butter unterstützt dies und harmonisiert innere Ungleichgewichte.

Achten Sie auf Ihren Körper und folgen Sie zunehmend Ihren Instinkten. Die Meditation macht Sie feinfühliger und achtsamer. Nach und nach werden Sie deutlicher spüren, was Ihnen gut bekommt, Sie innerlich irritiert oder belastet.

DIE ROLLE DER GEWÜRZE

Gewürze prägten die Kulturen der Welt und spielen bis heute eine große Rolle: ob als rituelles Räucherwerk oder sinnlicher Duftstoff, praktisches Konservierungsmittel, aromatischer Geschmacksgeber oder auch als hochwirksames Heilmittel.

Eine Vielzahl von Aromen können Sie bei einem einzigen Gewürz schnuppern, und auch beim Schmecken treten die unterschiedlichsten Empfindungen auf. So kann ein herbes Gewürz neben einem vollen, warmen und holzigen Aroma eine beißende Schärfe mit gleichzeitiger Süße haben oder ein scharfes Gewürz eine zitronige und kampferartige Frische. Mal gibt der Duft eine Vorstellung des zu erwartenden Geschmacks, dann wieder sind Aroma und Geschmack gänzlich verschieden.

Die Wirkweisen auf Körper und Psyche sind ebenso vielfältig: mal anregend und entspannend, dann wärmend oder erfrischend. Manche Gewürze, insbesondere die scharfen Sorten pushen den Stoffwechsel und regen Durchblutung und Kreislauf an, andere wiederum, wie Zimt oder Vanille besänftigen oder wirken sich positiv auf die Stimmung aus. Und viele Gewürze sind auf unterschiedlichste Weise hilfreich bei der Verdauung:
Einige regen allein durch ihre Duftstoffe den Appetit an. Durch diesen Impuls wird die Produktion von Speichel und Magensäften in Gang gesetzt, was wiederum dafür sorgt, schwere Speisen leichter verdaulich und damit besser ver-

träglich zu machen. Einige Gewürze wirken dabei gezielt auf die Bildung von Gallensaft oder schützen die Magenschleimhaut oder helfen erfolgreich bei Übelkeit. Andere sind allgemein hilfreich bei Blähungen oder Völlegefühl.

Die Yoga-Ernährung nutzt die unterschiedlichen Wirkweisen der Gewürze und setzt sie gezielt ein. So sind beispielsweise Chilis, die sehr intensiv auf Stoffwechsel und Kreislauf wirken, für den Ruhetyp geradezu ideal. Für den Energietyp dagegen sind sie nicht empfehlenswert.

Da Gewürze keine industriell produzierten Aromastoffe oder Heilmittel sind, sondern Teile von Pflanzen mit häufig sehr vielen, sehr unterschiedlichen Eigenschaften, lassen sie sich nicht ohne Weiteres dem einen oder anderen Yogatyp zuordnen. Vielmehr gibt es eine Reihe von Gewürzen, die sowohl für den Energietyp wie für den Ruhetyp bestens geeignet sind: so ist beispielsweise Cumin (Kreuzkümmel) wegen seiner nervenberuhigenden Wirkung für den Energietyp günstig, gleichzeitig aber auch für den Ruhetyp, weil sie bei ihm die Magen- und Gallensaftsekretion anregen.

Über die Dosierung entscheidet schließlich der individuelle Geschmack, denn kein Mensch empfindet einen Geschmack genauso wie ein anderer: Wir sind genetisch verschieden angelegt und außerdem ganz unterschiedlich geprägt. Deshalb mag es der eine richtig »spicy«, der andere dagegen nur dezent gewürzt.

DIE WICHTIGSTEN GEWÜRZE

Aroma und Geschmack, Verwendung in der Küche und Wirkung

Chilischoten/Cayennepfeffer

Wenig Aroma bei beißender, anhaltender Schärfe.

Frische Chilis passen vor allem zu Salate, Cayennepfeffer zum Nachschärfen von Suppen und Saucen.

Chili regt den Kreislauf an, fördert die Durchblutung. Seine stoffwechselaktivierende Wirkung hilft beim Abnehmen. Sein Wirkstoff Capsaicin setzt körpereigene Endorphine frei, was für ein angenehmes Gefühl sorgt.

Cumin (Kreuzkümmel)

Intensives, warmes, üppiges Aroma mit kampferartigen Noten, aromatisch und scharf-bitter im Geschmack.

Cumin kann im Ganzen oder gemahlen verwendet werden. Trockenes Rösten der Samen steigert das Aroma.

Cumin beruhigt bei Nervosität. Sehr wirksam bei Koliken und Durchfall, günstig für die Verdauung durch Anregung von Speichelfluss, Magen- und Gallensaftbildung.

Grüner Pfeffer

Grasig-frisches Aroma, mittlere frische Schärfe mit krautigen Tönen.

Im Mörser zerdrücken oder frisch mahlen. Passt besonders gut zu Fisch, Salatsaucen, Avocado und Früchten.

Wirkung wie schwarzer Pfeffer.

Ingwer

Angenehmer, süßlich frischer Duft, zitronig-scharfer Geschmack.

Die frischen Wurzeln (Rhizome) kommen ge-schält und gehackt oder gerieben in die Speisen. Ingwerpulver wird für Gebäck oder in Gewürz-mischungen verwendet.

Ingwer senkt die Cholesterin- und Blutfettwerte und damit auch den Bluthochdruck. Er stärkt die Abwehr und wirkt antibakteriell bei Erkältungen. Sehr hilfreich bei der Verdauung von fetten Speisen. Er wird vor allem geschätzt wegen seiner Wirkung bei Völlegefühl und Übelkeit.

Kardamom

Feines, frisches Aroma, süßlich harziger, brennender Geschmack mit Kampfer- und Zitrusnoten.

Die grünen Kapseln leicht anstoßen und im Ganzen mitkochen. Oder die Samen aus den Kapseln lösen und mörsern oder mahlen. Passt zu pikanten und süßen Gerichten, besonders gut in Kaffee oder Tee.

Kardamom wirkt anregend, stimungsaufhellend, erfrischend und positiv auf das Gehrin. Er hat ausgleichende Wirkung auf die Magensäure, wodurch besonders Kaffee verträglicher wird.

Koriander

Dezentes, mildes Aroma, holzig-warmes, leicht herbes, an Bitterorangen erinnernder Geschmack.

Er gehört in viele Masalas (Mischungen). Geschmack und Aroma werden durch trockenes Rösten gesteigert.

Koriander wirkt positiv auf die Psyche und stärkt die Nerven. Er senkt die Blutfette, stärkt die Funktionen von Galle und Bauchspeicheldrüse und hilft bei Völlegefühl und Blähungen.

Kurkuma

Blumig-aromatischer Duft, erdig und sanft-herb im Geschmack.

Die mit dem Ingwer verwandte Pflanze, bildet ähnliche Wurzeln (Rhizome), die frisch genauso wie Ingwer verwendet werden können. Meistens kauft man Kurkuma aber als Pulver, das stark färbt und wesentlicher Bestandteil vieler Gewürzmischungen ist.

Kurkuma schützt vor schädlichen Darmbakterien und hilft bei der Entgiftung der Leber. Sein Wirkstoff Curcumin fördert die Bildung von Gallensaft und hilft somit bei Magen- und Darmproblemen, deren Ursache Gallensaftmangel ist.

Macis/Muskatnuss

Intensives süßlich harziges Aroma, süß-herber, scharfer Geschmack. Macis hat ein ähnliches, dabei feineres Aroma.

Muskatnuss immer erst nach dem Kochen über die Speisen reiben.

Passt zu Gemüse, Saucen, Suppen und Desserts. Muskatnuss wirkt anregend und stimmungsaufhellend, dazu blutfettsenkend und leberstärkend.

Safran

Blumiges, honigartiges Aroma, sanft und charakteristisch zugleich, zart-herber Geschmack.

Safran sollten Sie nur als Fäden kaufen und bei Bedarf im Mörser zerreiben. In etwas Flüssigkeit ziehen lassen und an die Speisen geben.

Safran harmonisiert Stimmung und Stoffwechsel, wärmt und entspannt. Safran wirkt positiv auf die Psyche und gilt als aphrodisierend.

Schwarzer Pfeffer

Rauchig-warmes, leicht fruchtiges Aroma, kräftige Schärfe.

Im Ganzen mitkochen oder frisch über die fertigen Gerichte mahlen.

Pfeffer wärmt den Körper, beruhigt und fördert die Konzentration. Er regt Speichel- und Magensaftbildung an und fördert damit Stoffwechsel und Verdauung. Ist besonders hilfreich bei der Eiweißverdauung.

Vanille

Aroma lieblich-aromatisch mit kräftigen Untertönen, Geschmack süß und voll.

Vanille gehört traditionell in Süßspeisen und Gebäck, würzt aber auch sehr gut pikante Gerichte wie Fisch oder Hühnchen. Man kauft Vanille am besten in Schoten und verwendet das Mark im Inneren und die Schoten oder als Pulver, das aus den getrockneten ganzen Schoten hergestellt wird.

Vanille entspannt und fördert die Konzentrationsfähigkeit. Sie wirkt stimmungsaufhellend und positiv auf die Sinne. Geschmack und Aroma wirken appetitanregend und damit verdauungsfördernd.

Zimt

Ist stark aromatisch, angenehm süßlich, samtigholzig und warm.

Am besten kaufen Sie Ceylon-Zimt (Caneel), der im Vergleich zu dem preiswerteren Kassia-Zimt deutlich weniger natürliches Cumarin hat, der Inhaltsstoff, der Kopfschmerzen, Schwindel und Übelkeit auslösen kann. Man nimmt Zimtstangen zum Mitkochen oder Zimtpulver.

Zimt wärmt, regt an, aktiviert und steigert die Stimmung. Es wirkt krampflösend, verdauungsfördernd und blutzuckersenkend.

TYPGERECHTE GEWÜRZE UND MASALAS

GEWÜRZE FÜR DEN ENERGIETYP

Menschen dieses Typs brauchen Gewürze, die sie »erden«. Dazu gehören vor allem Ingwer und Kurkuma, die eng miteinander verwandt sind. Kurkuma wirkt besonders positiv auf die Funktion von Leber und Galle, wogegen Ingwer besonders beruhigend auf den Magen wirkt und dabei eine angenehme, frische Schärfe liefert.

Koriander und *Cumin* sind wegen ihrer nervenstärkenden und verdauungsfördernden Wirkung sehr geeignet.

Schwarzer Pfeffer – aber nicht zu viel! – ist günstig wegen seiner wärmenden und beruhigenden Wirkung.

Kardamom sollte ebenfalls nur sparsam eingesetzt werden. Gewünscht ist er wegen seiner stimmungsaufhellenden Wirkung, ein Zuviel könnte zu sehr anregen.

Sehr gut sind *Zimt*, *Safran* und *Vanille*, die alle positiv auf die Psyche wirken, ausgleichen und besänftigen.

GEWÜRZE FÜR DIE MEDITATION

Wer viel meditiert, kann sich bei der Auswahl der Gewürze grundsätzlich an dem Energietyp orientieren, er sollte sich aber mit Ingwer- und Pfefferschärfe eher zurückhalten. Dafür darf er noch großzügiger mit Safran, Vanille und Zimt würzen.

GEWÜRZE FÜR DEN RUHETYP

Alle Gewürze, die den Stoffwechsel pushen, sind ideal für den Ruhetyp. Dazu gehören scharfe Gewürze wie Chili, Pfeffer und Senf sowie würzende Zutaten wie Meerrettich und Wasabi.

Günstig sind – wie für den Energietyp – Ingwer und Kurkuma wegen ihrer verdauungsfördernden Wirkung.

Gut sind alle anregenden Gewürze wie Gewürznelke, Muskatnuss und Macis:

HERSTELLUNG VON MASALAS

Die Yoga-Gewürzmischungen kann sich jeder ganz leicht herstellen:

Cayennepfeffer, Ingwer, Kurkuma, Paprikapulver, Vanille und *Zimt* kauft man bereits gemahlen als feines Pulver.
Gewürznelke, Kardamomsamen, Piment sowie *schwarze* und *grüne Pfefferkörner* werden frisch in der Mühle gemahlen.

Koriander- und *Cuminsamen* werden, um das Aroma zu steigern, vorher etwa 3 Minuten in der Pfanne ohne Fett geröstet und nach dem Abkühlen in einer Kaffeemühle gemahlen.

Lorbeerblätter werden zuerst im Blitzhacker so klein wie möglich gehackt. Getrocknete Minze wird zwischen den Fingern zerrieben. Safranfäden werden im Mörser fein zerstoßen. Muskatnuss wird auf der Reibe frisch gerieben.

Die gemahlenen, klein gehackten und fein zerriebenen Gewürze werden zum Mischen mit einem Haushalts-Messlöffel abgemessen – immer gestrichen voll, um ein gleichmäßiges Mischverhältnis zu erzielen. So entspricht:

1 TL = 5 ml

Die Mischungen werden in fest schließenden, möglichst braunen, lichtschützenden Gläsern kühl und trocken aufbewahrt.
Die Masalas sollten Sie möglichst bald aufbrauchen, um das volle Aroma zu genießen und die positiven Heilwirkungen zu nutzen.
Jeder kann natürlich »seine« Mischung nach dem eigenen Geschmack abwandeln.

ZITRUSSCHALEN ALS GEWÜRZ

Dazu werden Bio-Zitronen, Bio-Limetten oder Bio-Orangen heiß gewaschen und trocken gerieben. Die Schalen mit dem Sparschäler hauchdünn abziehen, so dass nichts Weißes an der aromatischen Schale haftet. Die Schalen locker auf dem Backblech verteilen und bei 60° Umluft mehrere Stunden im Ofen trocknen, bis sie keine Feuchtigkeit mehr enthalten: wenn man sie zerbricht, müssen sie ein knackendes Geräusch machen. Anschließend in kleine Stückchen brechen und im Blitzhacker pulverisieren.

DIE KAFFEE-MASALAS

Kardamom, als wichtiger Bestandteil der Kaffee-Masalas macht den Kaffee nicht nur wundervoll aromatisch, sondern auch besser bekömmlich. Einfach 1 Prise direkt in den Mokka oder Espresso geben oder vor dem Aufbrühen mit dem gemahlenen Kaffee mischen.
Die Kaffee-Masalas eignen sich auch für Desserts auf Kaffee-, Schokoladen- oder Karamell-Basis, wie Sorbet, Eiscreme, Gebäck oder Mousse au chocolat.

Meditierende sollten allerdings Kaffee meiden.

REZEPTE FÜR GEWÜRZMISCHUNGEN

Die Rezepte ergeben jeweils eine Menge von
15 TL = 75 ml.
Alle Gewürze zerkleinern und gut mischen.

Aromatische Masala für den Energietyp

Eine aromatische, nur leicht scharfe Mischung
für Suppen, Saucen, Reis, Gemüse, Fisch und
Hühnchen.

Kurkuma	4,0 TL
Cumin	3,5 TL
Ingwerpulver	3,0 TL
Koriander	3,0 TL
schwarzer Pfeffer	1,0 TL
Safran	0,5 TL

Süße Masala für den Energietyp

Eine angenehm süße, hocharomatische
Mischung mit feiner Ingwerschärfe. Ideal für
Dessert und Kompott.

Ceylonzimtpulver	7,0 TL
Ingwerpulver	3,0 TL
Kardamom	3,0 TL
schwarzer Pfeffer	1,0 TL
gemahlene Vanille	1,0 TL

Kaffee-Masala für den Energietyp

Eine besonders feine, zimtbetonte Mischung.

Ceylonzimtpulver	8,0 TL
Kardamom	3,0 TL
schwarzer Pfeffer	1,5 TL
gemahlene Vanille	1,5 TL
Piment	1,0 TL

Rote Masala für den Ruhetyp

Schön scharf und herrlich aromatisch! Passt zu
Gemüse, Reis, Hülsenfrüchten und zu Fleisch.

edelsüßes Paprikapulver	3,0 TL
schwarzer Pfeffer	2,0 TL
Kurkuma	2,0 TL
Cumin	2,0 TL
Cayennepfeffer	2,0 TL
Ingwerpulver	1,0 TL
Kardamom	1,0 TL
Zimtpulver	1,0 TL
Gewürznelke	0,5 TL
Lorbeer	0,5 TL

Frische Masala für den Ruhetyp

Fruchtig, anregend und scharf ist diese
Mischung, die sich für warme Gerichte wie für
Fruchtsalate eignet. Toll auch in Vinaigrettes
und Joghurtsaucen!

Kardamom	3,0 TL
Orangenschale	2,0 TL
Zitronenschale	2,0 TL
Ingwerpulver	2,0 TL
grüner Pfeffer	2,0 TL
Kurkuma	1,5 TL
Cayennepfeffer	1,0 TL
Minze	1,0 TL
Muskatnuss	0,5 TL

Kaffee-Masala für den Ruhetyp
Eine pfeffrig-würzige, belebende Mischung.

Kardamom	7,5 TL
Ceylonzimtpulver	4,0 TL
schwarzer Pfeffer	2,0 TL
Piment	1,0 TL
Gewürznelke	0,5 TL

Mild-süße Masala für die Meditation
Diese Mischung ist ideal für Desserts, Porridge, Milchreis, Honigmilch oder Trinkschokolade.

Ceylonzimtpulver	7,5 TL
gemahlene Orangenschale	3,0 TL
Ingwerpulver	3,0 TL
gemahlene Vanille	1,5 TL

Alle zerkleinerten Gewürze gut mischen.

Mild-pikante Masala für die Meditation
Diese besonders milde Mischung eignet sich für viele pikante Gerichte mit Reis oder Gemüse-cremesuppen.

Koriander	6,0 TL
Kurkuma	3,0 TL
Orangenschale	2,5 TL
Ingwerpulver	1,5 TL
Cumin	1,0 TL
Safranfäden	1,0 TL

REZEPTE FÜR DEN ENERGIETYP

Für alle, die zu schnell und zu nervös sind, gibt es beruhigende und besänftigende Nahrungsmittel. Sie finden in diesem Kapitel sanfte Rezepte fürs Frühstück, pikante und gut verträgliche Dips und Drinks. Dazu Suppen, die echte Magenstreichler sind, feine Hauptgerichte und sensationelle Desserts!

Milde Süße kombiniert mit zimtigen Ingwer-Pflaumen

Polenta mit Trockenpflaumen-Kompott (im Bild hinten)

30 g kandierter Ingwer
80 g Soft-Trockenpflaumen
150 ml Apfelsaft
1–2 Msp. Zimtpulver (oder Süße Masala, S. 42)
350 ml Milch (1,5 % Fett)
1 Prise Salz
80 g Polentagrieß (Instant)
1 Bio-Zitrone
10 g Butter
1 EL Akazienhonig
1 Spritzer Zitronensaft
einige Minzeblättchen (nach Belieben))

Für 2 Personen | 25 Min. Zubereitung
Pro Portion ca. 460 kcal | 11 g EW | 7 g F | 88 g KH

1 Ingwer abtropfen lassen. Trockenpflaumen klein würfeln, den Ingwer sehr fein würfeln. Apfelsaft mit Zimtpulver aufkochen lassen, Pflaumen und Ingwer darin ca. 10 Min. köcheln lassen.

2 Milch mit Salz in einem Topf aufkochen lassen, Polentagrieß einstreuen. Den Topf vom Herd nehmen und den Polentagrieß in ca. 7 Min. quellen lassen, dabei öfter umrühren. Zitrone heiß waschen, abtrocknen und etwa 1 TL Schale abreiben. Die Butter unter die Polenta rühren. Mit Honig, Zitronenschale und Zitronensaft abschmecken.

3 Die Polenta in zwei Schalen geben, das Kompott darauf anrichten. Nach Belieben mit Minzeblättchen dekorieren.

FÜR DEN RUHETYP:
Die Hälfte der Milch durch Wasser ersetzen, auf Butter verzichten. Kompott durch frische Himbeeren, Blaubeeren oder Pfirsiche ersetzen.

Mild-fruchtig und raffiniert durch Mangochutney

Birnen mit Orangen-Frischkäse-Creme (im Bild vorne)

300 g reife Birnen
15 g Butter
1 Bio-Orange
10 g Mandelblättchen
150 g Frischkäse (16 % Fett)
40 g Mangochutney
1 EL frisch gepresster Limettensaft
1 EL Ahornsirup
2 Limettenspalten (nach Belieben)

Für 2 Personen | 20 Min. Zubereitung
Pro Portion ca. 400 kcal | 8 g EW | 22 g F | 43 g KH

1 Die Birnen schälen, halbieren, entkernen und in schmale Spalten schneiden. Die Butter in einer Pfanne schmelzen lassen. Die Birnen darin je nach Reifegrad 5–10 Min. dünsten, bis sie weich sind.

2 Inzwischen die Orange heiß waschen und abtrocknen. 1 TL Schale fein abreiben und 50 ml Saft auspressen. Die Mandelblättchen in einer Pfanne ohne Fett goldgelb rösten.

3 Den Frischkäse mit dem Orangensaft glatt rühren, Orangenschale und Chutney untermischen.

4 Die heißen Birnen mit Limettensaft und Ahornsirup mischen und etwas ziehen lassen. Mit der Frischkäsecreme anrichten, mit Mandelblättchen und Orangenschale bestreuen. Oder nach Belieben mit Limettenspalten dekorieren.

FÜR DEN RUHETYP:
Die Birnen roh mit der Schale grob raspeln und mit der Frischkäsecreme anrichten.

Der Klassiker ist offen für viele Ergänzungen

Porridge mit Mandeln und Ahornsirup

100 g feine Haferflocken
1/4 l Milch
1 Prise Salz
20 g Mandelblättchen
2 EL Ahornsirup

Für 2 Personen | 15 Min. Zubereitung
Pro Portion ca. 340 kcal | 13 g EW | 11 g F | 49 g KH

1 Haferflocken, Milch, Salz und 1/4 l Wasser in einem Topf unter Rühren aufkochen lassen. Vom Herd nehmen und alles 3–5 Min. quellen lassen, dabei ab und zu umrühren.

2 Die Mandelblättchen in einer Pfanne ohne Fett goldgelb rösten. Ahornsirup über den Porridge träufeln und mit Mandelblättchen bestreuen.

SÜSSE VARIANTEN
Statt Ahornsirup Honig, Apfeldicksaft, Birnendicksaft, Agavensirup oder braunen Zucker nehmen.

FRUCHTIG & SÜSS
Auf den Porridge 1 Klecks Pflaumenmus geben. Fein dazu: etwas Zimt oder Lebkuchengewürz.

FRUCHTIG & SAHNIG
1–2 EL Schmand auf dem heißen Porridge schmelzen lassen. Mit frischen Blaubeeren und Himbeeren anrichten.

FRUCHTIG & KARAMELLIG
2 reife Nektarinen in Spalten schneiden, in 20 g Butter andünsten. 2 EL Zucker dazugeben und unter Rühren karamellisieren lassen. Heiß mit dem Porridge anrichten.

Knusper-lecker und blitzschnell gemacht

Pfannen-Granola auf griechischem Joghurt

20 g Pinienkerne
60 g Haferflocken
2 EL brauner Zucker
20 g Rosinen
400 g griechischer Joghurt (10 % Fett)
2 EL Akazienhonig

Für 2 Personen | 20 Min. Zubereitung
Pro Portion ca. 560 kcal | 6 g EW | 28 g F | 67 g KH

1 Die Pinienkerne in einer Pfanne ohne Fett goldgelb rösten, herausnehmen und beiseitestellen. Haferflocken in derselben Pfanne unter Rühren anrösten, bis sie duften. Pinienkerne dazugeben, vermischen und an den Pfannenrand schieben.

2 Zucker in die Pfannenmitte geben und schmelzen lassen, vom Herd nehmen. Die Haferflocken-mischung mit dem geschmolzenen Zucker vermischen, bis der Zucker ein wenig abkühlt und sich kleine Knusper-Klümpchen bilden. Die Rosinen untermischen.

3 Den Joghurt glatt rühren und auf zwei Schälchen verteilen. Den Honig darüberträufeln, die noch warme Granola darüberstreuen.

Der Klassiker Mangolassi leicht abgewandelt

Mango-Honig-Powerdrink

2 reife Mangos (à ca. 250 g)
300 g Joghurt (3,5 % Fett)
2 EL Akazienhonig
2 Msp. frisch gemahlener Kardamom
100 ml eiskaltes Mineralwasser
2 Stängel Minze

Für 2 Drinks | 10 Min. Zubereitung
Pro Drink ca. 270 kcal | 6 g EW | 6 g F | 48 g KH

1 Die Mangos schälen, das Fruchtfleisch vom Stein schneiden und würfeln. Mit Joghurt und Honig im Mixer fein pürieren. Kardamom untermixen, mit Mineralwasser auffüllen und durchmischen.

2 Minze abbrausen und trocken tupfen. Drink in Gläser füllen, mit Minze dekorieren.

Sonnengelbe Vitaminbombe

Kaki-Möhren-Powerdrink

2 reife Kaki- oder Sharonfrüchte (ca. 250 g)
200 ml Bio-Möhrensaft (oder frisch gepresst)
150 g Kefir
1/4 TL Süße Masala (S. 42)
1 Stück frischer Ingwer (walnussgroß)

Für 2 Drinks | 10 Min. Zubereitung
Pro Drink ca. 153 kcal | 4 g EW | 2 g F | 24 g KH

1 Die Kakifrüchte schälen, das Fruchtfleisch mit dem Möhrensaft fein pürieren. Kefir und Masala untermischen.

2 Ingwer schälen, klein schneiden, mit der Knoblauchpresse 1/2–1 TL Saft herausdrücken und unter den Drink mixen.

Fruchtig-cremig und erfrischend

Apfel-Avocado-Powerdrink

1 reife Avocado (ca. 150 g Fruchtfleisch)
200 ml eiskalter Apfelsaft
200 g Kefir
1 EL Ahornsirup
2 TL frisch gepresster Limettensaft
1 Msp. Zimtpulver (oder Süße Masala, S. 42)

Für 2 Drinks | 10 Min. Zubereitung
Pro Drink ca. 305 kcal | 5 g EW | 19 g F | 25 g KH

1 Avocado halbieren, entkernen, das Fruchtfleisch herauslösen und würfeln, Mit Apfelsaft fein pürieren. Kefir, Ahornsirup, Limettensaft und Zimtpulver zugeben und noch mal durchmixen.

FÜR DEN RUHETYP:
Nur die Hälfte der Avocado nehmen und den Drink mit grünem Tabasco würzen.

Exotisch-erfrischend

Bananen-Kokos-Drink

2 Bananen (ca. 220 g Fruchtfleisch)
2–3 Limetten
400 ml gekühltes, grünes Kokoswasser (frisch oder Direktsaft)
1/4 TL Vanillepulver

Für 2 Drinks | 10 Min. Zubereitung
Pro Drink ca. 200 kcal | 5 g EW | 1 g F | 44 g KH

1 Die Bananen schälen, in Stücke schneiden. 4 EL Limettensaft auspressen. Bananen mit dem Kokoswasser pürieren. Mit Limettensaft und Vanillepulver abschmecken.

FÜR DEN RUHETYP:
Bananen durch Wassermelone ersetzen. Statt mit Vanillepulver mit Muskat und 1 Prise Cayennepfeffer würzen

Süßlich, mild-nussig und angenehm frisch

Möhrenpaste mit Mandelmus und Dill (im Bild rechts)

350 g Möhren
5–10 g frischer Ingwer
80 ml Gemüsebrühe
2 TL Ghee
1 TL brauner Zucker
1 Bio-Zitrone
2–3 Stängel frischer Dill
40 g weißes Mandelmus (Reformhaus)
Meersalz
schwarzer Pfeffer aus der Mühle

Für 2 Personen | 45 Min. Zubereitung
Pro Portion ca. 220 kcal | 7 g EW | 15 g F | 13 g KH

1 Die Möhren putzen, schälen und in ca. 3 cm große Stücke schneiden. Ingwer schälen und sehr fein hacken.

2 Brühe erhitzen. Ghee erhitzen, Ingwer darin 1 Min. andünsten. Möhren zugeben und unter Rühren 2–3 Min. mitdünsten. Mit Zucker bestreuen und alles weitere 2 Min. unter Rühren dünsten, bis sich der Zucker gelöst hat. Mit der Brühe ablöschen und aufkochen lassen. Möhren zugedeckt bei mittlerer Hitze in ca. 25 Min. garen.

3 Inzwischen die Zitrone heiß waschen und abtrocknen, 1 TL Schale abreiben. Den Dill abbrausen und trocken tupfen, die Spitzen fein hacken.

4 Die Möhren mit dem Kartoffelstampfer zerdrücken. Das Mandelmus untermischen, mit Salz, Pfeffer und Zitronenschale würzen. Mit dem Dill und nach Belieben mit Möhrenstreifen bestreuen.

Raffiniert süßsäuerlich

Rote-Bete-Cashew-Dip (im Bild links)

1 Bio-Orange
2 TL brauner Zucker
200 g küchenfertige Rote Beten (vakuumverpackt)
30 g Cashewnussmus
2 TL Aceto balsamico
Meersalz
schwarzer Pfeffer aus der Mühle
3 Stängel Koriandergrün

Für 2 Personen
20 Min. Zubereitung | 30 Min. Kühlzeit
Pro Portion ca. 160 kcal | 74 g EW | 7 g F | 22 g KH

1 Die Orange heiß waschen und abtrocknen. 2 TL Schale fein abreiben und beiseitestellen. Ca. 150 ml Orangensaft auspressen und mit dem Zucker auf etwa 50 ml einkochen lassen.

2 Die Roten Beten und den Orangensirup mit dem Pürierstab pürieren, Cashewnussmus, Essig und 1 TL Orangenschale unterrühren. Mit Salz und Pfeffer abschmecken. Im Kühlschrank mindestens 30 Min. ziehen lassen.

3 Das Koriandergrün abbrausen und trocken schütteln, die Blättchen hacken. Den Dip mit restlicher Orangenschale und Koriandergrün bestreuen.

FÜR DEN RUHETYP:
1 kleine rote Chilischote putzen, fein würfeln und unter dem Dip mischen. Oder mit 1 TL Sambal oelek nachschärfen.

Mediterran-würzig und frisch

Auberginenpaste

400 g Auberginen (1 große oder 2 kleine)
100 g Ziegenfrischkäse | Salz
schwarzer Pfeffer aus der Mühle
1 Spritzer Zitronensaft
2 Stängel Basilikum
10 schwarze Oliven
1 TL Olivenöl für die Form

Für 2 Personen
15 Min. Zubereitung | 45 Min. Backzeit
Pro Portion ca. 180 kcal | 7 g EW | 14 g F | 8 g KH

1 Den Ofen auf 250° vorheizen. Die Auberginen waschen, trocken reiben und putzen. Mit einer Gabel rundum einstechen. Eine ofenfeste Form (24 cm Ø) mit dem Öl auspinseln und die Auberginen hineinsetzen. Im Ofen (Mitte, Umluft 220°) 35–45 Min. backen, bis sie weich sind. Herausnehmen und abkühlen lassen. Längs halbieren, das Fruchtfleisch aus der Schale lösen und grob hacken.

2 Auberginenfruchtfleisch und Ziegenfrischkäse mit dem Pürierstab pürieren. Mit Salz, Pfeffer und Zitronensaft abschmecken.

3 Das Basilikum abbrausen und trocken tupfen, ein paar Blätter beiseitelegen, den Rest klein schneiden und unter die Paste heben. Die Oliven eventuell vom Stein befreien, hacken und über die Paste streuen. Mit den Basilikumblättchen dekorieren.

FÜR DEN RUHETYP:
Auberginenpaste zusätzlich mit 1/2 TL gemahlenem Cumin und 1/2 TL Harissa scharf-pikant würzen.

Mild, angenehm süß, dazu Limettenfrische

Avocado-Frischkäse-Dip

1 Bio-Limette
1 reife Avocado (ca. 120 g Fruchtfleisch)
100 g Frischkäse (16 % Fett)
2 TL Akazienhonig
1/4 TL Zimtpulver + etwas Zimtpulver zum Bestäuben
1 Prise Salz (nach Belieben)

Für 2 Personen | 15 Min. Zubereitung
Pro Portion ca. 250 kcal | 5 g EW | 22 g F | 7 g KH

1 Die Limette heiß waschen und abtrocknen, die Schale mit dem Zestenreißer abziehen. Einige Zesten ganz lassen, die übrigen Zesten fein hacken. 2–3 TL Saft auspressen.

2 Die Avocado halbieren und entkernen. Das Fruchtfleisch mit einem Löffel herauslösen, sofort mit 2 TL Limettensaft beträufeln und mit der Gabel zermusen. Avocadomus mit gehackter Limettenschale und Frischkäse verrühren.

3 Den Dip mit Honig, Zimtpulver und nach Belieben Salz abschmecken. Eventuell den übrigen Limettensaft unterrühren.

4 Den Dip mit etwas Zimtpulver bestäuben und mit den übrigen Limettenzesten bestreuen.

Mahlzeiten planen

Planen Sie jede Mahlzeit als eine kleine Oase der Ruhe im Alltag! Nehmen Sie sich Zeit zum Schmecken und Genießen! Dann hilft Ihnen jede Kleinigkeit, wieder »einen Gang herunterzuschalten« und sich zu regenerieren.

Nussig, süßlich, exotisch

Bananen-Erdnuss-Dip

2 mittelgroße Bananen (ca. 120 g Fruchtfleisch)
2–3 TL Limettensaft
40 g Erdnussmus (aus 100 % Erdnüssen)
1/4–1/2 TL Aromatische Masala (S. 42)
1 Prise Salz

Für 2 Personen | 10 Min. Zubereitung
Pro Portion ca. 190 kcal | 6 g EW | 10 g F | 17 g KH

1 Die Bananen schälen, mit der Gabel zermusen und sofort mit dem Limettensaft mischen.

2 Das Erdnussmus unterrühren, mit Masala und Salz abschmecken.

Honig-süß, zitronen-frisch und sesam-herb

Kürbis-Sesam-Dip

1 kleiner Hokkaido-Kürbis (ca. 400 g Fruchtfleisch)
35 g Tahini (Sesampaste)
2 EL Zitronensaft
Salz
schwarzer Pfeffer aus der Mühle
2 TL Akazienhonig
2 TL Sesamsamen

Für 2 Personen
20 Min. Zubereitung | 20 Min. Backzeit
Pro Portion ca. 200 kcal | 6 g EW | 12 g F | 21 g KH

1 Den Ofen auf 200° (Umluft 180°) vorheizen. Den Kürbis halbieren, den Stielansatz entfernen, Kerne und Fasern mit einem Löffel herauskratzen. Kürbishälften in Spalten schneiden und dünn schälen. In eine ofenfeste Form (24 cm Ø) legen und im Ofen (Mitte) ca. 20 Min. garen, bis sie weich sind. Kürbis herausnehmen, abkühlen lassen und grob klein schneiden.

2 Tahini mit Zitronensaft und Kürbis pürieren. Mit Salz, Pfeffer und Honig abschmecken. Im Kühlschrank etwas durchziehen lassen.

3 Inzwischen Sesamsamen in einer Pfanne ohne Fett unter Rühren rösten, bis sie duften. Sesamsamen über den Dip streuen.

SÜSSE VARIANTE
Der Dip schmeckt auch als Dessert. Dafür Tahini durch weißes Mandelmus ersetzen. Pfeffer und Salz weglassen, dafür 1–2 EL Quittengelee unterrühren. Mit 1 Klecks Schlagsahne und mit gerösteten Mandelblättchen garnieren.

Farblich und geschmacklich aufregend

Rote-Bete-Kokos-Suppe

20 g frischer Ingwer
150 g mehlig kochende Kartoffeln
300 g Rote Beten
400 ml Gemüsebrühe
1 EL Öl
2 TL Zucker
100 ml Apfelsaft
150 ml Kokosmilch (aus der Dose)
2–3 TL Tamarindenpaste
Salz | grüner Pfeffer aus der Mühle
1/2 Bund Koriandergrün
20 g Kokos-Chips (Bioladen)

Für 2 Personen | 1 Std. 15 Min. Zubereitung
Pro Portion ca. 335 kcal | 6 g EW | 14 g F | 48 g KH

1 Ingwer schälen und sehr fein würfeln. Die Kartoffeln schälen und in große Stücke schneiden. Die Roten Beten schälen (Einweghandschuhe verwenden!) und etwas kleiner als die Kartoffeln würfeln.

2 Die Brühe erhitzen. Das Öl erhitzen, den Ingwer darin andünsten. Rote Beten zugeben, mit dem Zucker bestreuen und unter Rühren karamellisieren lassen. Mit der Brühe ablöschen, alles aufkochen lassen und zugedeckt ca. 20 Min. köcheln lassen. Kartoffeln zugeben und weitere 25–30 Min. kochen lassen, bis die Roten Beten weich sind.

3 Das Gemüse mit dem Pürierstab fein pürieren, Apfelsaft zugeben. Von der Kokosmilch 50 ml beiseitestellen, den Rest unter die Suppe mixen. Mit Tamarindenpaste, Salz und Pfeffer frisch pikant abschmecken. Koriandergrün abbrausen und trocken tupfen, die Blättchen hacken.

4 Die Suppe in zwei Schalen verteilen. Restliche Kokosmilch spiralig einrühren. Mit Koriandergrün und Kokos-Chips bestreuen.

TIPP
Die Suppe können Sie auch im Sommer gut gekühlt servieren. Dann eventuell etwas mehr Apfelsaft unterrühren, damit sie flüssiger wird.

Sanft-cremig und zitronig-frisch

Avocadosuppe mit Pinienkern-Gremolata (im Bild)

300 g Kartoffeln
400 ml Gemüsebrühe
30 g Pinienkerne | 1 Bio-Zitrone
1/2 Bund glatte Petersilie
40 g Frischkäse (16 % Fett)
1/2 reife Avocado (ca. 80 g Fruchtfleisch)
Kräutersalz
grüner Pfeffer aus der Mühle | 1 Spritzer
Zitonensaft

Für 2 Personen | 40 Min. Zubereitung
Pro Portion ca. 340 kcal | 8 g EW | 23 g F | 27 g KH

1 Die Kartoffeln schälen und in Würfel schneiden. Die Brühe aufkochen lassen, Kartoffeln zugeben und zugedeckt in 15–18 Min. garen.

2 Inzwischen die Pinienkerne in einer Pfanne ohne Fett goldgelb rösten und abkühlen lassen. Die Zitrone heiß waschen und abtrocknen, die Schale abreiben. Die Petersilie abbrausen und trocken schütteln, die Blättchen hacken. 1 EL Pinienkerne beiseitestellen, die übrigen Pinienkerne mit Petersilie und Zitronenschale im Blitzhacker zu einer Gremolata verarbeiten.

3 Die Suppe mit dem Pürierstab pürieren, den Frischkäse unterrühren. Die Avocado entkernen, das Fruchtfleisch mit einem Löffel aus der Schale lösen, grob würfeln und unter die Suppe mixen. Die Suppe vorsichtig erhitzen, aber nicht kochen lassen! Mit Kräutersalz, Pfeffer und Zitronensaft abschmecken.

4 Die Suppe in vorgewärmten Tellern anrichten, mit der Gremolata und den übrigen Pinienkernen bestreuen.

TIPP
Mit 200 g Schmand oder Frischkäse verrührt wird aus der Gremolata ein köstlicher Dip – mit Sahne eine herrlich frische Pastasauce!

Zeit einteilen

Ein gutes Zeitmanagement ist vor allem für energiegeladene Menschen wichtig!

Treffen Sie verbindliche Verabredungen mit sich selbst, vergessen Sie die alte

Ausrede: »Ich hatte schon wieder keine Zeit für mich!«

Frische Zitrone trifft auf süßliche Suppe

Süßkartoffelsuppe mit Zitronencroûtons

20 g frischer Ingwer
300 g Süßkartoffeln (möglichst orangefarbene)
1/4 l Gemüsebrühe
1 EL Öl
2 TL brauner Zucker
200 ml Apfelsaft
2 EL Schmand
1/4 TL mildes Currypulver (oder Aromatische Masala (S. 42)
Salz
1 Bio-Zitrone
2 Scheiben Toastbrot
1/4 l Milch
schwarzer Pfeffer aus der Mühle
20 g Butter

Für 2 Personen | 45 Min. Zubereitung
Pro Portion ca. 530 kcal | 9 g EW | 22 g F | 73 g KH

1 Den Ingwer schälen und sehr fein würfeln. Die Süßkartoffeln schälen, abspülen und in ca. 2 cm große Würfel schneiden.

2 Die Brühe erhitzen. Das Öl erhitzen, den Ingwer darin ca. 1 Min. andünsten. Süßkartoffeln zugeben, mit dem Zucker bestreuen und unter Rühren 2–3 Min. braten, bis der Zucker leicht karamellisiert. Mit der Brühe ablöschen. Apfelsaft zugeben und aufkochen lassen. Kartoffeln zugedeckt bei mittlerer Hitze in ca. 20 Min. garen.

3 Inzwischen den Schmand mit Currypulver und 1 Prise Salz glatt rühren. Die Zitrone heiß waschen und abtrocknen, die Schale fein abreiben. Das Toastbrot entrinden und klein würfeln.

4 Die Suppe mit dem Pürierstab fein pürieren, die Milch zugeben und erhitzen, aber nicht mehr kochen lassen. Mit Salz und Pfeffer würzen. Die Suppe warm halten.

5 Die Hälfte der Butter heiß werden lassen, die Brotwürfel darin unter Rühren goldbraun braten und an den Pfannenrand schieben. In der Pfannenmitte die übrige Butter schmelzen lassen, die Zitronenschale zugeben und alles zügig mischen, damit die Zitronenschale nicht anbrennt und bitter wird.

6 Die Suppe anrichten, etwas Curryschmand spiralig einrühren. Mit Zitronencroûtons bestreuen und sofort servieren.

Mild, wärmend und erfrischend zugleich

Möhren-Kokos-Suppe mit Ingwer

300 g Möhren
150 g Kartoffeln
20 g frischer Ingwer
400 ml Gemüsebrühe
1 EL Ghee
1 EL Honig
2 Limettenblätter
150 ml Kokosmilch (aus der Dose)
Salz
Pfeffer aus der Mühle
1 Kästchen Limettenkresse

Für 2 Personen | 45 Min. Zubereitung
Pro Portion ca. 200 kcal | 4 g EW | 6 g F | 33 g KH

1 Die Möhren putzen, schälen und in ca. 3 cm große Stücke schneiden. Kartoffeln schälen und klein würfeln. Ingwer schälen und sehr fein würfeln.

2 Die Brühe erhitzen. Das Ghee erhitzen, den Ingwer darin ca. 2 Min. andünsten. Möhren zugeben und unter Rühren 2–3 Min. mitdünsten. Honig unterrühren, nach 2 Min. die Brühe zugießen und aufkochen lassen.

3 Die Limettenblätter seitlich mehrfach einschneiden, damit sie mehr Aroma abgeben und mit den Kartoffeln in die Brühe geben. Zugedeckt ca. 20 Min. köcheln lassen, bis Möhren und Kartoffeln weich sind. Die Limettenblätter herausnehmen, die Suppe mit dem Pürierstab fein pürieren. Kokosmilch unter die Suppe rühren und heiß werden lassen, mit Salz und Pfeffer abschmecken.

4 Die Suppe anrichten. Die Kresseblättchen vom Beet schneiden und über die Suppe streuen.

VARIANTE
Möhren durch Hokkaido-Kürbis und Kokosmilch durch Sahne ersetzen. 2 EL Kürbiskerne in einer Bratpfanne rösten und über die Suppe streuen. 1–2 TL Kürbiskernöl darüberträufeln.

Cremig und süßlich-würzig

Linsen-Dattel-Suppe

100 g Möhren
1/2 Bund Koriandergrün mit Wurzeln
60 g rote Linsen
400 ml Gemüsebrühe
1 EL Ghee
1 EL Ahornsirup
1–2 TL Garam Masala (oder Aromatisches Masala, S. 42)
30 g frische Datteln
75 g cremiger Joghurt (3,5 % Fett)
Meersalz
1 EL Zitronensaft
1/4 l Milch
schwarzer Pfeffer aus der Mühle

Für 2 Personen | 45 Min. Zubereitung
Pro Portion ca. 330 kcal | 14 g EW | 9 g F | 47 g KH

1 Die Möhren putzen, schälen und in kleine Würfel schneiden. Das Koriandergrün abbrausen und trocken schütteln. Die Blättchen beiseite legen, die Wurzeln putzen und mit den Stielen sehr fein hacken. Die Linsen kalt abbrausen.

2 Die Brühe erhitzen. Das Ghee schmelzen lassen, Möhren, Korianderwurzeln und -stiele darin 2–3 Min. andünsten. Ahornsirup und Garam Masala zugeben, alles unter Rühren weitere 2 Min. dünsten. Mit der Brühe ablöschen. Linsen zugeben, aufkochen und zugedeckt bei mittlerer Hitze 25 Min. köcheln lassen.

3 Inzwischen die Datteln häuten, entkernen und in feine Würfel schneiden. Korianderblättchen hacken. Joghurt mit 1 Prise Salz und 1 Spritzer Zitronensaft glatt rühren.

4 Die Milch unter die Linsen rühren. Die Suppe mit dem Pürierstab fein pürieren und erhitzen. Mit Salz, Pfeffer, dem restlichen Zitronensaft und nach Belieben mit etwas mehr Masala abschmecken. Die Suppe anrichten und den Joghurt spiralig einrühren. Mit Dattelwürfelchen und Koriandergrün bestreuen.

So großartig kann Gesundes schmecken

Ghee-Möhren auf Spinatsalat

1 Bund schlanke zarte Möhren
20 g Mandelblättchen
1/2 Bund glatte Petersilie
100 g Blattspinat
1/4 l Gemüsebrühe
3 Limettenblätter
50 g weißes Mandelmus
2 TL Aceto balsamico
Salz | schwarzer Pfeffer aus der Mühle
1 EL Ghee
2 TL Ahornsirup
1 Spritzer Zitronensaft

Für 2 Personen | 40 Min. Zubereitung
Pro Portion ca. 360 kcal | 12 g EW | 26 g F | 20 g KH

1 Die Möhren putzen, schälen und in einen Dämpfkorb legen. Die Mandelblättchen in einer Pfanne ohne Fett goldgelb rösten. Die Petersilie abbrausen und trocken tupfen, die Blättchen hacken. Den Spinat gründlich waschen und trocken tupfen, die Blattrippen entfernen, größere Blätter in mundgerechte Stücke zupfen. Den Spinat auf einer Platte verteilen.

2 Die Brühe mit den Limettenblättern im Wok aufkochen lassen, den Dämpfkorb einsetzen und die Möhren ca. 7 Min. dämpfen. Möhren herausnehmen, die Brühe stark einkochen lassen.

3 Für das Dressing Mandelmus mit etwa 3 EL der eingekochten Brühe cremig verrühren, mit Essig, Salz und Pfeffer würzen.

4 Das Ghee in einer Pfanne schmelzen lassen, Möhren darin leicht anbraten, mit Ahornsirup beträufeln und unter Rühren karamellisieren lassen. Möhren mit Salz, Pfeffer und Zitronensaft würzen.

5 Die warmen Möhren auf dem Spinat anrichten, mit dem Mandeldressing beträufeln, mit Petersilie und Mandelblättchen bestreuen.

Orientalisch-asiatische Koproduktion

Gemüse-Reispapier-Päckchen mit Tahinidip (im Bild)

400 g Blattspinat | 200 g Möhren
20 g frischer Ingwer
2 EL Sesamsamen | 4 Stängel Minze
2 Soft-Trockenaprikosen
4 TL Olivenöl
Salz | schwarzer Pfeffer aus der Mühle
40 g Tahini (Sesampaste)
150 g Joghurt (3,5 % Fett)
1–2 TL Limettensaft
8 Stück rundes Reispapier (ca. 20 cm Ø)

Für 2 Personen | 50 Min. Zubereitung
Pro Portion ca. 540 kcal | 16 g EW | 35 g F | 40 g KH

1 Spinat waschen, putzen und grob zerzupfen. Möhren putzen, schälen und in feine Streifchen hobeln. Ingwer schälen, sehr fein würfeln. Sesam rösten. Minze abbrausen und trocken tupfen, einige Blättchen beiseitelegen, den Rest hacken. Aprikosen sehr fein würfeln.

2 2 TL Öl erhitzen, die Hälfte des Ingwers darin kurz andünsten. Spinat zugeben und 2–3 Min. dünsten. Salzen und pfeffern. Spinat in ein Sieb geben und ausdrücken, dabei das Spinatwasser auffangen. Spinat mit 1 EL Sesam mischen. Restliches Öl erhitzen, übrigen Ingwer darin kurz andünsten. Möhren zugeben und in 3–4 Min. fast weich braten. Aprikosen untermischen, salzen und pfeffern. Tahini mit 2 EL Spinatwasser und Joghurt verrühren, mit Limettensaft, Salz und Pfeffer würzen.

3 Reispapiere nacheinander in lauwarmem Wasser ca. 1 Min. einweichen, herausnehmen, trocken tupfen und auslegen. In die Mitte von 4 Reispapieren ein Viertel der Spinatmischung geben, die Seiten darüberlegen, Reispapier aufrollen. Möhrenmischung mit restlichem Sesam und gehackter Minze mischen, auf den übrigen Reispapieren verteilen und aufrollen. Mit dem Dip anrichten, mit den übrigen Minzeblättchen dekorieren.

Feine Kontraste: knackig trifft auf samtig

Spargelsalat mit Avocadodressing

600 g grüner Spargel
1 Bio-Limette
1 reife Avocado (ca. 150 g Fruchtfleisch)
50 g Frischkäse (16 % Fett)
1 TL Akazienhonig
Kräutersalz
schwarzer Pfeffer aus der Mühle
4 Stängel Zitronenthymian

Für 2 Personen | 35 Min. Zubereitung
Pro Portion ca. 285 kcal | 9 g EW | 22 g F | 12 g KH

1 Das untere Drittel vom Spargel schälen, eventuell harte Enden wegschneiden. Die Stangen waschen und schräg in 3 Stücke schneiden. Einen Siebeinsatz in einen Topf mit kochendem Wasser setzen, die dickeren Spargelstücke zugeben und 2 Min. dämpfen. Die zarteren Stücke und Spargelköpfe zugeben und alles weitere 4–6 Min. dämpfen, sodass der Spargel noch Biss hat. Herausnehmen und kalt abschrecken.

2 Die Limette heiß waschen und abtrocknen, die Schale abreiben, 1–2 TL Saft auspressen. Die Avocado halbieren und entkernen. Das Fruchtfleisch mit einem Löffel herauslösen, mit der Gabel zermusen und sofort mit dem Frischkäse mischen. Mit Honig, Kräutersalz, Pfeffer und Limettensaft abschmecken.

3 Die Spargelstücke strahlenförmig anrichten, das Avocadodressing in die Mitte setzen. Den Thymian abbrausen und trocken tupfen, die Blättchen abstreifen und mit der Limettenschale über den Spargel und das Dressing streuen.

Italien mit einem Hauch Orient

Pastasalat mit Oliven und Walnüssen

Salz
150 g kleine Penne
25 g Walnusskerne
35 g schwarze Oliven
300 g Kirschtomaten
schwarzer Pfeffer aus der Mühle
2 EL Olivenöl
1 EL Aceto balsamico
1 TL Akazienhonig
1/2 TL Zimtpulver
1/2 TL gemahlener Cumin
1 Bund glatte Petersilie

Für 2 Personen
20 Min. Zubereitung | 30 Min. Marinierzeit
Pro Portion ca. 520 kcal | 13 g EW | 21 g F | 70 g KH

1 Salzwasser zum Kochen bringen. Die Nudeln darin nach Packungsangabe in ca. 9 Min. bissfest garen. In ein Sieb abgießen und abtropfen lassen.

2 Inzwischen die Walnusskerne in einer Pfanne ohne Fett rösten, abkühlen lassen und hacken. Oliven eventuell vom Stein schneiden und grob hacken. Tomaten waschen und halbieren, dabei die Stielansätze entfernen. Die Kerne aus den Hälften drücken. Salzen und pfeffern.

3 Das Öl mit Essig und Honig verrühren, mit Salz, Pfeffer, Zimtpulver und Cumin würzen. Die warmen Nudeln mit dem Dressing mischen. Nüsse, Oliven und Tomaten untermischen und ca. 30 Min. durchziehen lassen. Die Petersilie abbrausen und trocken tupfen, die Blätter fein hacken. Die Petersilie vor dem Servieren unter den Salat mischen.

FÜR DEN RUHETYP:
1/2–1 TL Harissa unter das Dressing rühren. 60 g Rucola waschen und verlesen, mit dem Salat anrichten.

Erfrischender Indien-Import

Möhren-Raita mit Honig

1 Stängel Dill
2 TL Akazienhonig
2 TL Zitronensaft
1 kleine Möhre (ca. 60 g)
150 g Joghurt (3,5 % Fett)
1 Msp. gemahlener Kurkuma
1/2 TL gemahlener Koriander
1/4 TL gemahlener Cumin
Meersalz
schwarzer Pfeffer aus der Mühle

Für 2 Personen
15 Min. Zubereitung | 30 Min. Kühlzeit
Pro Portion ca. 70 kcal | 3 g EW | 3 g F | 13 g KH

1 Dill abbrausen und trocken tupfen, einige zarte Zweige beiseitelegen, von dem Rest die Spitzen fein hacken. Honig mit Zitronensaft verrühren. Die Möhre putzen, schälen, sehr fein reiben und sofort mit dem Zitronensaft mischen.

2 Joghurt mit Kurkuma, Koriander, Cumin, Salz und Pfeffer verrühren. Mit Möhren und gehacktem Dill mischen. Mindestens 30 Min. kalt stellen. Vor dem Servieren mit übrigen Dillzweigen dekorieren.

Fruchtig und frisch: die perfekte Raita!

Mango-Minze-Raita

6–8 Stängel Minze
150 g Joghurt (3,5 % Fett)
1 TL Limettensaft
Meersalz
grüner Pfeffer aus der Mühle
1/4 TL gemahlener Cumin
1 kleine reife Mango (ca. 125 g Fruchtfleisch)

Für 2 Personen
15 Min. Zubereitung | 30 Min. Kühlzeit
Pro Portion ca. 80 kcal | 3 g EW | 3 g F | 11 g KH

1 Minze abbrausen und trocken tupfen, einige Blätter beiseite legen, den Rest fein hacken (ca. 2 EL).

2 Joghurt mit Limettensaft, Salz, Pfeffer und Cumin verrühren. Die gehackte Minze untermischen.

3 Die Mango schälen, das Fruchtfleisch vom Stein schneiden, fein würfeln und unter den Joghurt mischen. Die Raita mindestens 30 Min. kalt stellen. Mit den übrigen Minzeblättchen dekorieren.

FÜR DEN RUHETYP:
1 kleine grüne Chilischote, halbieren, putzen, waschen, würfeln und zusätzlich untermischen.

Süßlich, dabei frisch und schön würzig

Bananen-Raita

2 TL Sultaninen
1 mittelgroße feste Banane
2 TL Limettensaft
1 Stängel Minze
150 g Joghurt (3,5 % Fett)
1/2 TL gemahlener Cumin
Meersalz
schwarzer Pfeffer aus der Mühle

Für 2 Personen
15 Min. Zubereitung | 30 Min. Kühlzeit
Pro Portion ca. 120 kcal | 3 g EW | 3 g F | 22 g KH

1 Sultaninen in etwas heißem Wasser einweichen. Banane schälen, längs vierteln und in kleine Stücke schneiden. Mit Limettensaft beträufeln. Minze abbrausen, trocken tupfen, die Blättchen fein hacken.

2 Joghurt mit Cumin, Salz und Pfeffer verrühren. Die Sultaninen abtropfen lassen. Mit Banane und Minze unter den Joghurt mischen. Die Raita mindestens 30 Min. kalt stellen.

Ein optischer wie kulinarischer Genuss

Gelbes Dal mit Rosinenreis und Zimttomaten

10 g frischer Ingwer
1 kleine Möhre (ca. 60 g)
120 g geschälte, halbe Mungbohnen (Moong Dal)
4 TL Ghee
1/2 TL gemahlener Kurkuma
1/2 TL gemahlener Cumin
250 g kleine Tomaten
2 EL Tomatenmark
1 TL Honig
1/4 TL Zimtpulver
Salz
schwarzer Pfeffer aus der Mühle
30 g Sultaninen
120 g Basmatireis
300 ml Gemüsebrühe
1/4 TL gemahlener Kardamom
3 Stängel Koriandergrün

Für 2 Personen | 55 Min. Zubereitung
Pro Portion ca. 580 kcal | 22 g EW | 11 g F | 98 g KH

1 Ingwer schälen und sehr fein hacken. Möhre putzen, schälen und in ca. 3 mm große Würfel schneiden. Mungbohnen in einem Sieb kalt abbrausen. 1 TL Ghee erhitzen. Ingwer und Möhre zugeben und unter Rühren 3 Min. andünsten. Mungbohnen zugeben. 300 ml Wasser zugießen und aufkochen lassen. Mit Kurkuma und Cumin würzen. Zugedeckt bei schwacher Hitze in ca. 40 Min. garen.

2 Inzwischen die Stielansätze der Tomaten entfernen. Tomaten kurz überbrühen, häuten, halbieren oder ganz lassen. 2 TL Ghee erhitzen, das Tomatenmark darin unter Rühren anrösten, mit 2–3 EL Wasser glatt rühren. Tomaten zugeben und andünsten. Mit Honig, Zimt, Salz und Pfeffer würzen. Tomaten bei schwacher Hitze ca.10 Min. ziehen lassen.

3 Sultaninen in warmem Wasser einweichen. Restliches Ghee erhitzen, Reis zugeben und unter Rühren glasig werden lassen. Mit Brühe ablöschen. Alles aufkochen lassen und zugedeckt bei schwacher Hitze in ca. 12 Min. garen.

4 Mit Kardamom würzen. Sultaninen abgießen und untermischen. Koriandergrün abbrausen und trocken tupfen, die Blätter hacken. Zimttomaten eventuell noch mal kurz erwärmen.

5 Dal mit Salz und Pfeffer abschmecken, auf eine Platte geben und in die Mitte eine Kuhle drücken. Den Reis in die Kuhle geben. Die Zimttomaten daraufsetzen. Mit Koriander bestreuen.

Leicht und frisch

Zucchini-Minze-Omelett

300 g Zucchini
2 Stängel Minze
100 g Ziegenfrischkäse
3 EL Milch
4 Eier
Kräutersalz
grüner Pfeffer aus der Mühle
1 EL Olivenöl
10 g Butter

Für 2 Personen | 25 Min. Zubereitung
Pro Portion ca. 340 kcal | 21 g EW | 26 g F | 6 g KH

1 Zucchini waschen, putzen und in ca. 1 cm große Würfel schneiden. Minze abbrausen und trocken tupfen. Einige kleine Blättchen beiseitelegen, den Rest fein hacken. Die Hälfte Ziegenfrischkäse mit Milch glatt rühren. Die Eier verquirlen. Die Frischkäsemischung und gehackte Minze unterschlagen. Mit Kräutersalz und Pfeffer würzen.

2 Öl und Butter erhitzen, Zucchiniwürfel darin in 4–5 Min. knapp gar dünsten, salzen und pfeffern. Die Temperatur herunterschalten. Die Eiermischung darübergießen und langsam stocken lassen. Übrigen Ziegenfrischkäse in Flöckchen daraufgeben.

3 Sobald das Omelett stockt, an der Oberfläche aber noch etwas feucht ist, auf die Hälfte zusammenklappen. Anrichten und mit übrigen Minzeblättchen dekorieren.

Ganz einfach zu machen

Kartoffel-Rote-Bete-Gratin

4 mittelgroße Kartoffeln (ca. 400 g)
4 kleine Rote Beten (ca. 300 g)
1 EL Olivenöl
1/2 Bund glatte Petersilie
30 g Walnusskerne
Salz | schwarzer Pfeffer aus der Mühle
2 TL Aceto balsamico
80 g Ziegenfrischkäse
80 g Blauschimmelkäse

Für 2 Personen
35 Min. Zubereitung | 45 Min. Backzeit
Pro Portion ca. 465 kcal | 19 g EW | 24 g F | 44 g KH

1 Den Ofen auf 200° vorheizen. Kartoffeln und Rote Beten waschen und gründlich bürsten, dabei die Haut der Roten Beten nicht verletzen.

2 Eine ofenfeste Form (24 cm Ø) mit 1 TL Öl auspinseln. Die Kartoffeln kreuzweise einritzen und mit den Roten Beten in die Form setzen. Mit restlichem Öl einpinseln. Im Ofen (Mitte, Umluft 180°) ca. 45 Min. backen, bis sie weich sind. Inzwischen die Petersilie abbrausen und trocken schütteln, die Blätter hacken. Walnusskerne in einer Pfanne ohne Fett rösten, herausnehmen und grob hacken.

3 Kartoffeln und Rote Beten längs halbieren, salzen und pfeffern. Die Roten Beten mit Essig beträufeln, den Ziegenfrischkäse darauf verteilen. Den Blauschimmelkäse in dünne Scheiben schneiden und auf den Kartoffeln verteilen. Im Ofen (Mitte) ca. 4 Min. überbacken, bis der Käse geschmolzen ist. Mit Walnüssen und Petersilie bestreuen. Mit Avocado-Frischkäse-Dip (S. 52) servieren.

FÜR DEN RUHETYP:
Das Gratin mit einer Raita nach Wahl servieren (S. 101). Zu den Roten Beten passt auch sehr gut ein Apfel-Avocado-Dip (S. 90).

Bewusst essen

Wenn Sie merken, dass Sie das gute Essen mal wieder herunterschlingen,

halten Sie inne und lassen Sie sich Zeit beim Kauen, Schmecken und Genießen.

Das schont den Magen und fördert das Sättigungsempfinden.

Köstlicher Gemüsegenuss

Lasagne mit Petersilien-Balsamico-Sauce

1 große Aubergine (ca. 400 g)
Salz
400 g Fleischtomaten
schwarzer Pfeffer aus der Mühle
3 1/2 EL Olivenöl
1 Kugel Büffel-Mozzarella (150 g Abtropfgewicht)
1 großes Bund glatte Petersilie
30 g Pinienkerne
1 1/2 EL Aceto balsamico
3 EL Gemüsebrühe

Für 2 Personen
30 Min. Zubereitung | 15 Min. Backzeit
Pro Portion ca. 480 kcal | 20 g EW | 39 g F | 11 g KH

1 Die Aubergine waschen, putzen und quer in ca. 3 mm dünne Scheiben schneiden. Die Scheiben salzen und beiseitestellen. Die Fleischtomaten waschen und ebenfalls quer in ca. 3 mm dünne Scheiben schneiden, dabei die Stielansätze wegschneiden. Salzen und pfeffern.

2 Den Ofen auf 200° (Umluft 180°) vorheizen. Eine ofenfeste Form (24 cm Ø) mit 1 TL Öl auspinseln. Die Auberginen ausdrücken und mit Küchenpapier trocken tupfen. Dünn mit dem übrigen Olivenöl einpinseln, insgesamt etwa 3 EL. Eine beschichtete Pfanne erhitzen, die Auberginenscheiben darin von jeder Seite 1–2 Min. braten.

3 Auberginen und Tomaten abwechselnd in die Form schichten. Den Mozzarella abtropfen lassen und in sehr dünne Scheiben schneiden, das Gemüse damit bedecken. Die Lasagne im Ofen (Mitte) 15 Min. backen, bis der Mozzarella zerlaufen und leicht gebräunt ist.

4 Inzwischen die Petersilie abbrausen, trocken tupfen und fein hacken. Die Pinienkerne ohne Fett goldgelb rösten, im Blitzhacker fein mahlen. Petersilie und Pinienkerne mit Essig und Brühe fein pürieren. Restliches Öl untermischen. Die Sauce salzen und pfeffern, mit der Lasagne servieren.

TIPP
Mit etwas weniger Brühe wird aus der Petersiliensauce eine Paste, die wunderbar auf geröstetem Weißbrot schmeckt.

Optisch apart und kulinarisch ein Genuss

Kokos-Linsen-Reis (im Bild)

100 g Wildreis
20 g frischer Ingwer
300 ml Gemüsebrühe
2 TL Ghee
200 ml Kokosmilch (aus der Dose)
3 Limettenblätter
200 g Urad Dal (weiße, geschälte Linsen)
1 Bund Koriandergrün
Salz
schwarzer Pfeffer aus der Mühle
2 TL Limettensaft
20 g Kokos-Chips (Bioladen)

Für 2 Personen | 1 Std. 15 Min. Zubereitung
Pro Portion ca. 620 kcal | 29 g EW | 14 g F | 97 g KH

1 Den Wildreis abbrausen. Ca. 200 ml Wasser aufkochen lassen, Reis zugeben und zugedeckt bei schwacher Hitze in 55 Min. (oder nach Packungsangabe) garen.

2 Nach ca. 25 Min. den Ingwer schälen und sehr fein hacken. Die Brühe erhitzen. Ghee erhitzen, Ingwer darin andünsten. Mit Brühe ablöschen. Kokosmilch zugeben, alles aufkochen lassen. Die Limettenblätter seitlich mehrfach einschneiden und zugeben. Urad Dal einstreuen, zugedeckt bei schwacher Hitze in ca. 20 Min. garen.

3 Inzwischen das Koriandergrün abbrausen und trocken tupfen, die Blättchen hacken.

4 Den Reis abgießen. Limettenblätter aus den Linsen entfernen. Reis mit Linsen mischen. Mit Salz, Pfeffer und Limettensaft würzen. Mit Kokos-Chips und Koriandergrün bestreuen.

Köstlich-milder Magenstreichler

Baked Potato mit roten Sahnelinsen

2 große mehlig kochende Kartoffeln (à ca. 250 g)
Salz
100 g rote Linsen
10 g frischer Ingwer
1 Lorbeerblatt
1/2 TL gemahlener Cumin
1/4 TL gemahlener Kurkuma
100 ml Sojasahne
schwarzer Pfeffer aus der Mühle
1/2 Bund glatte Petersilie

Für 2 Personen
1 Std. Zubereitung | 30 Min. Backzeit
Pro Portion ca. 330 kcal | 15 g EW | 9 g F | 46 g KH

1 Die Kartoffeln unter fließendem Wasser gründlich sauber bürsten. Mit Salzwasser bedeckt in 25 Min. garen.

2 Inzwischen die Linsen abspülen und in einen Topf geben. So viel Wasser zugießen, dass es ca. 1 cm über den Linsen steht. Ingwer schälen, fein reiben. Mit Lorbeerblatt, Cumin und Kurkuma zu den Linsen geben. Alles aufkochen und ca. 20 Min. köcheln lassen, eventuell etwas Wasser zugeben. Die Linsen sollten weich und das Wasser ganz aufgesogen sein. Sojasahne zugeben. Offen köcheln lassen, bis die Sahne cremig eingedickt ist. Mit Salz, Pfeffer und eventuell etwas mehr Cumin abschmecken.

3 Ofen auf 200° (Umluft 180°) vorheizen. Kartoffeln in Alufolie wickeln und auf den Rost legen. Im Ofen (Mitte) ca. 20 Min. backen. Die Folie oben öffnen, die Kartoffeln kreuzweise einritzen und auseinanderdrücken. In eine ofenfeste Form (24 cm Ø) setzen, die Linsen in die halb offenen Kartoffeln füllen und weitere 10 Min. backen.

4 Petersilie waschen und trocken tupfen, die Blätter hacken. Kartoffeln mit Petersilie bestreuen.

Schön exotisch, dabei ganz mild

Kartoffel-Curry mit Kochbananen

2 Stangen Staudensellerie
2 große gelbe Kochbananen (ca. 400 g Fruchtfleisch)
300 g Kartoffeln
1 EL Öl
400 ml Gemüsebrühe
Garam Masala (oder Aromatische Masala, S. 42)
1 TL gemahlener Kurkuma
1 Lorbeerblatt
2 Tomaten
1 kleines Bund Koriandergrün
1 TL Sesamsamen
1 TL Schwarzkümmel
200 ml Kokosmilch (aus der Dose)
Salz
schwarzer Pfeffer aus der Mühle

Für 2 Personen | 50 Min. Zubereitung
Pro Portion ca. 400 kcal | 8 g EW | 8 g F | 73 g KH

1 Den Staudensellerie waschen, putzen und in ca. 5 mm große Würfel schneiden. Die Kochbananen schälen, längs halbieren und in ca. 2 cm große Stücke schneiden. Die Kartoffeln schälen, abspülen und in ca. 2 cm große Würfel schneiden.

2 Den Wok erhitzen, das Öl darin heiß werden lassen. Staudensellerie zugeben unter Rühren ca. 1 Min. anbraten. Bananenstücke zufügen, unter Rühren in 2–3 Min. goldgelb anbraten. Die Brühe erhitzen. 1 TL Garam Masala und Kurkuma unter die Kochbananen rühren, mit der Brühe ablöschen. Kartoffeln zugeben und alles aufkochen lassen. Lorbeerblatt zufügen und zugedeckt bei mittlerer Hitze in ca. 20 Min. garen.

3 Inzwischen die Tomaten waschen und würfeln, dabei die Stielansätze entfernen. Das Koriandergrün abbrausen und trocken tupfen, Blättchen und zarte Stiele hacken. Sesamsamen und Schwarzkümmel in einer Pfanne ohne Fett rösten, bis es duftet. Die Pfanne beiseitestellen.

4 Das Lorbeerblatt entfernen. Tomaten zur Kochbananen-Kartoffel-Mischung geben und kurz erhitzen. Von der Kokosmilch 2 EL Rahm abschöpfen, den Rest unter das Curry rühren. Salzen, pfeffern, eventuell mit Garam Masala abschmecken. Das Curry mit Klecksen von Kokosmilch-Rahm garnieren. Mit der Sesam-Schwarzkümmel-Mischung und Koriandergrün bestreuen.

Den Geschmackssinn schärfen

Bewusstes Essen und Schmecken müssen wir lernen, genauso, wie wir als Kind das Sprechen gelernt haben. So muss der Geschmackssinn immer wieder erprobt, herausgefordert und genutzt werden, damit er sich gut entwickeln kann.

Fruchtig-herbe Sauce ergänzt sanfte Nudeln

Pasta mit Rote-Bete-Walnuss-Sauce

Salz
200 g Nudeln (z. B. Dinkel- oder Hirsenudeln)
40 g Walnusskerne
300 g Rote Beten (vakuumverpackt)
200 ml Gemüsebrühe
2 TL Olivenöl
2 TL brauner Zucker
schwarzer Pfeffer aus der Mühle
2 EL Aceto balsamico
4 Zweige Thymian
2 TL Schwarzkümmel

Für 2 Personen | 25 Min. Zubereitung
Pro Portion ca. 625 kcal | 19 g EW | 22 g F | 87 g KH

1 Salzwasser zum Kochen bringen. Die Nudeln darin nach Packungsangabe bissfest garen.

2 Inzwischen die Walnusskerne fein mahlen. Die Roten Beten grob würfeln. Die Brühe erhitzen. Öl erhitzen, die Roten Beten darin kurz anbraten. Mit dem Zucker bestreuen, unter Rühren karamellisieren lassen.

3 Mit der Brühe ablöschen, 2–3 Min. köcheln lassen. Rote Beten mit dem Pürierstab nicht zu fein pürieren, die gemahlenen Walnüsse unterrühren. Mit Salz, Pfeffer und Essig pikant abschmecken.

4 Den Thymian abbrausen, trocken tupfen, die Blättchen abstreifen und hacken.

5 Die Nudeln in ein Sieb abgießen und abtropfen lassen. Mit der Sauce anrichten, Thymian und Schwarzkümmel darüberstreuen.

ORIENTALISCHE VARIANTE
Walnusskerne durch fein gehackte Pistazien ersetzen, statt Aceto balsamico ungesüßten Granatapfelsirup (Reformhaus) verwenden.

KLASSISCHE VARIANTE
Walnusskerne durch fein geriebene geschälte Mandeln oder weißes Mandelmus ersetzen. Mit Zitronensaft und Zitronenschale würzen und mit der gehackten Petersilie bestreuen.

Raffiniert, hocharomatisch und ganz zart

Vanille-Hähnchenbrustfilet mit Tomaten

30 g Butter
1 Vanilleschote
2 Hähnchenbrustfilets (à ca. 170 g)
Salz | schwarzer Pfeffer aus der Mühle
2 EL Tomatenmark
1 kleine Dose stückige Tomaten (240 g Abtropfgewicht)
1–2 TL Akazienhonig
1/2 Bund glatte Petersilie

Für 2 Personen | 40 Min. Zubereitung
Pro Portion ca. 345 kcal | 42 g EW | 14 g F | 13 g KH

1 Den Ofen auf 170° (Umluft 150°) vorheizen. Die Butter in einer kleinen Pfanne schmelzen lassen, so dass sie nicht bräunt. Die Vanilleschote längs aufschlitzen, das Mark herauskratzen und mit der Schote in die Butter geben, die Herdplatte ausschalten. Butter ca. 10 Min. ziehen lassen, damit möglichst viel Vanillearoma übergeht.

2 Inzwischen die Hähnchenbrustfilets von Häuten, Fett und Sehnen befreien, abspülen und trocken tupfen, salzen und pfeffern. Die Schote aus der Butter nehmen und beiseitelegen. Die Vanillebutter heiß werden lassen, die Filets darin bei schwacher Hitze von jeder Seite ca. 2 Min. anbraten, bis sie etwas Farbe angenommen haben. In Alufolie einschlagen und in eine ofenfeste Form (24 cm Ø) setzen. Im Ofen (Mitte) in 12–15 Min. fertig garen.

3 Inzwischen das Tomatenmark zu der Butter in die Pfanne geben und unter Rühren anrösten, mit den Tomaten ablöschen. Die ausgekratzte Vanilleschote zugeben. Die Tomaten bei mittlerer Hitze etwas einkochen lassen. Salzen und pfeffern, mit Honig abschmecken. Die Petersilie abbrausen und trocken tupfen, die Blättchen hacken.

4 Das Fleisch mit den Tomaten anrichten, mit der Petersilie bestreuen. Mit Orangen-Gewürz-Reis oder Baguette servieren.

Feine Beilage zu Hähnchen

Orangen-Gewürz-Reis

1 TL Ghee
120 g Basmatireis
150 ml Gemüsebrühe
150 ml frisch gepresster Orangensaft
1/2 TL Salz
1 Msp. gemahlener Kurkuma
1/2 Stange Zimt
2 Kardamomkapseln
schwarzer Pfeffer aus der Mühle
1/2 TL rosa Pfefferbeeren

Für 2 Personen | 20 Min. Zubereitung
Pro Portion ca. 275 kcal | 6 g EW | 4 g F | 51 g KH

1 Das Ghee in einem Topf schmelzen lassen. Den Reis zugeben und unter Rühren glasig werden lassen. Mit Brühe und Orangensaft ablöschen. Salz, Kurkuma und Zimtstange zugeben. Die Kardamomkapseln im Mörser anstoßen, bis sie brüchig sind, aber nicht auseinanderfallen und zum Reis geben. Aufkochen lassen, den Reis bei schwacher Hitze in ca. 12 Min. (oder nach Packungsangabe) garen.

2 Den Reis mit einer Gabel lockern, mit Pfeffer würzen. Zimtstange und Kardamomkapseln entfernen. Die rosa Pfefferbeeren im Mörser zerdrücken und über den Reis streuen.

FRUCHTIGE VARIANTE
Rosa Pfefferbeeren weglassen, dafür 4 getrocknete Aprikosen, 25 g Sultaninen oder 25 g kandierten Ingwer sehr fein würfeln und untermischen.

NUSSIGE VARIANTE
30 g Nüsse, z. B. Walnusskerne, Pecannüsse, Haselnusskerne oder Cashewnusskerne, Pistazienkerne, geröstete Mandelstifte oder geröstete Pinienkerne, vor dem Servieren unter den Reis heben.

Fruchtig-exotisch und sahnig-mild

Zitrusmariniertes Hähnchenbrustfilet mit Mango

1 Bio-Orange
1 Bio-Zitrone
15 g frischer Ingwer
2 1/2 EL Olivenöl
schwarzer Pfeffer aus der Mühle
350 g Hähnchenbrustfilet (Bioqualität)
2 kleine oder 1 große reife Mango (ca. 250 g
Fruchtfleisch)
Salz | 150 ml Hühnerbrühe | 100 g Sahne
2 EL Mangochutney (aus dem Glas)

Für 2 Personen
45 Min. Zubereitung | 1 Std. Marinierzeit
Pro Portion ca. 625 kcal | 42 g EW | 37 g F | 30 g KH

1 Orange und Zitrone heiß waschen und abtrocknen. 2 TL Orangenschale und 1 TL Zitronenschale fein abreiben. 3 EL Orangensaft und 1 EL Zitronensaft auspressen. Ingwer schälen und fein reiben. Mit Orangen- und Zitronenschale, Orangen- und Zitronensaft, 1 EL Öl und Pfeffer verrühren. Hähnchenbrustfilet kalt abspülen, trocken tupfen und ca. 2 cm groß würfeln und unter die Marinade mischen. Zugedeckt im Kühlschrank 1 Std. marinieren lassen.

2 Die Mangos schälen, das Fruchtfleisch vom Stein schneiden und in ca. 2 cm große Würfel schneiden. Das Fleisch abtropfen lassen, dabei die Marinade auffangen. Zuerst den Wok erhitzen, 1/2 EL Öl darin erhitzen, etwa ein Drittel Fleisch darin unter Rühren in ca. 3 Min. rundum goldbraun anbraten. Herausnehmen, salzen und warm halten. Mit dem restlichen Fleisch genauso verfahren.

3 Den Bratsatz mit der Brühe ablösen, Sahne und Mangochutney einrühren, 3–4 Min. einkochen lassen. Fleisch und Mango zugeben, bei schwacher Hitze 5 Min. ziehen lassen. Salzen und pfeffern. Dazu passt Orangen-Gewürz-Reis oder die nussige Variante (beide Rezepte S. 70)

Opulent, raffiniert und gar nicht schwer

Honiggewürzte Hähnchenkeulen

8 Zweige Zitronenthymian
20 g weiche Butter
1 EL Honig
1 TL Aceto balsamico
1/2 TL Zimtpulver
1/2 TL edelsüßes Paprikapulver
Salz | schwarzer Pfeffer aus der Mühle
2 Hähnchenkeulen (à 250–300 g; Bioqualität)

Für 2 Personen
25 Min. Zubereitung | 1 Std. Backzeit
Pro Portion ca. 360 kcal | 27 g EW | 25 g F | 6 g KH

1 Zitronenthymian abbrausen und trocken tupfen, die Blättchen abstreifen und hacken. Die Butter zerdrücken. Honig, Essig, Zimt- und Paprikapulver und je 1/2 TL Salz und Pfeffer zugeben und untermengen. Die Hälfte der Buttermischung mit der Hälfte des gehackten Thymians vermischen.

2 Den Ofen auf 180° vorheizen. Die Hähnchenkeulen von allem sichtbaren Fett und überschüssiger Haut befreien. Kalt abbrausen und trocken tupfen, salzen und pfeffern. Vorsichtig die Haut anheben und die Thymianbutter darunter verteilen. Die Buttermischung ohne Thymian außen auf der Hautseite verstreichen.

3 Die Keulen in einen Bräter legen. Im Ofen (Mitte, Umluft 160°) ca. 1 Std. backen, dabei zweimal wenden. Zuletzt mit der Hautseite nach oben backen.

4 Die Keulen mit restlichem Zitronenthymian bestreuen und mit Baguette oder Fladenbrot zum Dippen servieren.

Exotisch-fruchtig und kokos-cremig

Fischfilet in Macis-Kokosmilch

2 Limettenblätter
100 ml Gemüsebrühe
200 ml Kokosmilch (aus der Dose)
1/2 TL gemahlene Macis
2 Limetten
350 g festes weißes Fischfilet (z. B. Viktoriabarsch oder Tilapia)
Salz | schwarzer Pfeffer aus der Mühle

Für 2 Personen | 20 Min. Zubereitung
Pro Portion ca. 170 kcal | 32 g EW | 2 g F | 6 g KH

1 Die Limettenblätter seitlich mehrmals einschneiden. Mit der Brühe aufkochen lassen. Kokosmilch und Macis zugeben und offen bei schwacher Hite ca. 5 Min. köcheln lassen. Den Saft von 1 Limette auspressen. Das Fischfilet ca. 2 cm würfeln, dabei die Gräten entfernen. Mit dem Limettensaft beträufeln, salzen und pfeffern.

2 Die Fischwürfel in die Macis-Kokosmilch geben und 6-8 Min. ziehen lassen, bis der Fisch gar ist. Die übrige Limette waschen, abtrocknen und in Spalten schneiden. Mit den Limettenspalten anrichten.

Superzart und ganz problemlos gemacht

Lachsforelle mit Minze-Limetten-Butter

1 Bio-Limette
1 Bund glatte Petersilie
1 Bund Minze
10 g frischer Galgant (ersatzweise Ingwer)
40 g weiche Butter
Kräutersalz
grüner Pfeffer aus der Mühle
1 küchenfertige Lachsforelle (ca. 500 g)
Salz

Für 2 Personen
25 Min. Zubereitung | 30 Min. Garzeit
Pro Portion ca. 420 kcal | 49 g EW | 24 g F | 15 g KH

1 Den Ofen auf 200° vorheizen. Die Limette heiß waschen und abtrocknen, 1 TL Schale abreiben. Die Limette in dünne Scheiben schneiden. Kräuter abbrausen und trocken tupfen, die Blättchen grob hacken. Galgant schälen und fein reiben. Butter mit Kräutersalz und Pfeffer würzen. Limettenschale, Galgant und Kräuter mit einer Gabel unterkneten.

2 Die Lachsforelle kalt abspülen und trocken tupfen. Von innen salzen und pfeffern, mit der Minze-Limetten-Butter füllen. Den Fisch auf ein großes Stück Alufolie legen, mit der Hälfte der Limettenscheiben bedecken. Folie oben längs zusammenfalten und die Seiten rechts und links aufrollen, sodass keine Flüssigkeit austreten kann. In eine ofenfeste Form setzen. Lachsforelle im Ofen (Mitte, Umluft 180°) in 25–30 Min. garen.

3 Die Folie öffnen. Die Kräutermischung aus der Forelle nehmen, die Haut abziehen, Fischfleisch von den Gräten lösen und herausheben. Auf vorgewärmten Tellern mit der Kräutermischung und den restlichen Limettenscheiben anrichten.

TIPP
Dazu passen Salzkartoffeln, Baguette, Limetten-Kräuter-Kartoffelpüree (S. 81) oder Kartoffel-Orangen-Püree (S. 81)

VARIANTE
Kirschtomaten kreuzweise einritzen und zusammen mit schwarzen Oliven neben die Lachsforelle in die Folie legen. Die Minze durch Basilikum ersetzen.

FÜR DEN RUHETYP:
Die Buttermenge einfach halbieren und den Fisch mit einem frischen Blattsalat nach Wahl servieren.

Fein-würzig und leicht

Rotbarsch
auf Würzmöhren

400 g schlanke Bundmöhren
1 Bio-Limette
1/2 Bund Petersilie
300 g Rotbarschfilet
Salz
schwarzer Pfeffer aus der Mühle
2 EL Mehl
10 g Butter
2 1/2 EL Olivenöl
1 Sternanis
1/2 Stange Zimt
2 TL brauner Zucker
40 ml Gemüsebrühe

Für 2 Personen | 40 Min. Zubereitung
Pro Portion ca. 460 kcal | 30 g EW | 29 g F | 20 g KH

1 Möhren putzen, schälen, längs vierteln und
schräg in Stücke schneiden oder halbieren. Limette
heiß waschen und abtrocknen, die Schale abreiben,
den Saft auspressen. Petersilie abbrausen und trocken tupfen, die Blättchen hacken. Das Fischfilet
eventuell entgräten und in ca. 2 cm breite Streifen
schneiden. Mit 1–2 TL Limettensaft beträufeln, salzen und pfeffern. Mehl in einem tiefen Teller mit
etwas Salz und Pfeffer mischen und beiseitestellen.

2 Die Butter mit 1/2 EL Öl erhitzen, Sternanis und
Zimtstange zerbrechen und darin bei mittlerer Hitze
ca. 2 Min. anrösten. Möhren zugeben und unter
Rühren 1 Min. braten. Mit Zucker bestreuen und
rühren, bis sich der Zucker gelöst hat. Mit 1 Spritzer
Limettensaft, Salz und Pfeffer würzen. Mit Brühe ablöschen, die Möhren zugedeckt in ca. 5 Min. garen.

3 Restliches Öl in einer Pfanne erhitzen. Die Fisch-
streifen in dem gewürzten Mehl wenden, überschüssiges Mehl abklopfen. Den Fisch darin in
4–5 Min. von allen Seiten goldgelb braten.

4 Den Fisch mit den Würzmöhren anrichten, mit
Petersilie und Limettenschale bestreuen. Dazu passt
Kartoffelschnee.

Schnelle Beilage

Kartoffelschnee

400 g vorwiegend fest kochende Kartoffeln
Salz
Butter oder Olivenöl (nach Belieben)

Für 2 Personen | 25 Min. Zubereitung
Pro Portion ca. 135 kcal | 4 g EW | 1 g F | 30 g KH

Die Kartoffeln schälen und in Salzwasser in 20 Min.
garen. Abgießen und noch heiß durch die Kartoffel-
presse in eine vorgewärmte Schüssel pressen. Nach
Belieben mit etwas geschmolzener Butter oder
Olivenöl beträufeln.

Klassiker auf exotische Art

Kokos-Limetten-Panna-Cotta (im Bild)

1/2 Vanilleschote
3 EL Limettensaft
30 g brauner Zucker | 100 g Sahne
100 ml Kokosmilch (aus der Dose)
grüner Pfeffer aus der Mühle
1 Blatt weiße Gelatine
1 kleine reife Mango (ca. 150 g Fruchtfleisch)
2 Stängel Minze
Kokos-Chips

Für 2 Personen
30 Min. Zubereitung | 3 Std. Kühlzeit
Pro Portion ca. 300 kcal | 2 g EW | 17 g F | 36 g KH

1 Vanilleschote längs halbieren, das Mark herauskratzen. 2 EL Limettensaft in einem kleinen Topf erhitzen, den Zucker darin auflösen. Sahne, Vanillemark und -schote zugeben, aufkochen und ca. 5 Min. köcheln lassen. Kokosmilch zugießen und 5 Min. köcheln lassen. Mit grünem Pfeffer würzen.

2 Inzwischen die Gelatine in kaltem Wasser ca. 5 Min. einweichen, ausdrücken und in der warmen Sahnemischung unter Rühren auflösen. Die Mischung etwas abkühlen lassen und in zwei Timbaleförmchen füllen und abgedeckt im Kühlschrank in ca. 3 Std. fest werden lassen.

3 Vor dem Servieren die Mango schälen, das Fruchtfleisch vom Stein schneiden. Etwas Fruchtfleisch in Streifen schneiden und beiseitelegen, den Rest würfeln und fein pürieren. Eventuell durch ein Haarsieb streichen. Mit dem übrigen Limettensaft abschmecken. Minze abbrausen und trocken tupfen, die Blättchen abzupfen.

4 Förmchen kurz in heißes Wasser tauchen, Panna cotta auf zwei Teller stürzen. Mangopüree drumherum verteilen, mit Mangostreifen, Minzeblättchen und Kokos-Chips dekorieren.

Goldgelb und hinreißend gut

Babybananen in Orangen-Honig-Karamell

6 Kumquats
6 Babybananen (ca. 500 g)
1 EL Ghee
2 EL Honig
100 ml frisch gepresster Orangensaft
1 TL Süße Masala (S. 42)

Für 2 Personen | 25 Min. Zubereitung
Pro Portion ca. 360 kcal | 3 g EW | 5 g F | 76 g KH

1 Die Kumquats waschen, abtrocknen und quer in Scheibchen schneiden, dabei die Kerne entfernen.

2 Die Bananen schälen. Ghee erhitzen, Bananen im Ganzen darin in ca. 5 Min. rundum goldbraun braten. Nach 3 Min. die Kumquats zugeben, unter Rühren mitbraten. Die Früchte an den Pfannenrand schieben. Honig in die Mitte geben und unter Rühren karamellisieren lassen. Bananen und Kumquats darin wenden, sodass sie rundum mit dem karamellisierten Honig bedeckt sind.

3 Früchte herausnehmen und warm halten. Orangensaft in die Pfanne gießen und bei starker Hitze zu einem Sirup einkochen lassen. Mit Masala würzen und über die warmen Früchte träufeln.

DEKO-TIPP
Nach Belieben mit Kokosflakes und Limettenviertel dekorieren.

TIPP
Dazu passt Schokoladeneis, Vanilleeis oder Orangensorbet.

Nase und Gehirn essen mit

Sie können Ihr Essen doppelt genießen, wenn Sie vor dem ersten Bissen erst einmal ausgiebig alle Aromen »beschnuppern«. Die Düfte der Nahrungsmittel und Gewürze dringen ganz tief ins Gehirn ein – dort wo unsere Gefühle sitzen – und locken Wohlfühlhormone hervor.

Das Backen steigert das Aroma der Früchte

Gebackene Früchte mit Gewürz-Mascarpone

3 reife Nektarinen
3 frische Feigen
2 TL Limettensaft
4 TL brauner Zucker
100 g Mascarpone
1 EL Ahornsirup
1 Msp. gemahlener Kardamom
1 Msp. gemahlene Vanille
2 Stängel Minze

Für 2 Personen | 35 Min. Zubereitung
Pro Portion ca. 430 kcal | 75 g EW | 24 g F | 49 g KH

1 Den Ofen auf 250° (Umluft 220°) vorheizen. Die Nektarinen waschen, halbieren und den Kern entfernen. Die Feigen abreiben, quer halbieren, die Stielansätze wegschneiden. Die Fruchthälften nebeneinander in eine feuerfeste Form (24 cm Ø) setzen, mit Limettensaft beträufeln, mit 2 TL braunem Zucker bestreuen. Im Ofen (Mitte) ca. 15 Min. backen.

2 Inzwischen den Mascarpone mit Ahornsirup, Kardamom und Vanille verrühren. Die Minze abbrausen und trocken tupfen, die Blättchen abzupfen und beiseitelegen.

3 Die Grillfunktion des Ofens dazuschalten. Mit dem Löffel eine Mulde in die weichen Feigen drücken. In jede Fruchthälfte die Mascarponecreme geben. Restlichen braunen Zucker darüberstreuen. 4–5 Min. grillen, bis der Zucker karamellisiert und die Mascarponecreme leicht gebräunt ist. Mit Minzeblättchen garnieren.

VARIANTE
Die Früchte vor dem Backen mit 2–3 EL süßen Portwein beträufeln.

HEISS-KALTE VARIANTE
Die Mascarponecreme nicht mitgrillen, sondern als kalte Creme zu den heißen Früchten servieren.

Fruchtig, würzig und wärmend –
einfach köstlich

Aprikosensüppchen mit Safransahne

20 g frischer Ingwer
600 ml Apfelsaft
1 Stange Zimt
1 Msp. Safranfäden
1 TL Zucker
80 g Soft-Trockenaprikosen
1/2 TL Agar-Agar (nach Belieben)
100 g Sahne

Für 2 Personen | 25 Min. Zubereitung
Pro Portion ca. 440 kcal | 4 g EW | 16 g F | 46 g KH

1 Den Ingwer schälen und in Scheiben schneiden. Mit dem Apfelsaft aufkochen lassen. Die Zimtstange zugeben, alles halb zugedeckt 10 Min. köcheln lassen. Die Aprikosen in ein Sieb abgießen, dabei den Saft auffangen.

2 Inzwischen den Safran mit dem Zucker im Mörser fein zerreiben. Mit 1 EL heißem Apfelsaft verrühren und kurz ziehen lassen. Die Aprikosen fein würfeln, in den Apfelsaft geben und alles 5 Min. köcheln lassen. Nach Belieben zum Binden Agar-Agar einstreuen und weitere 5 Min. sprudelnd kochen lassen.

3 Die Sahne nach Belieben steif oder halbsteif schlagen, die Safranmischung dabei unterschlagen.

4 Das Aprikosensüppchen heiß oder als Kaltschale mit der Safransahne anrichten.

Apfelkompott einmal anders

Warme Kokosäpfel

400 g Äpfel
10 g Butter
1 EL brauner Zucker
100 ml Kokosmilch (aus der Dose)
1 Stängel Minze
1 EL grüne, geschälte Pistazien (nicht gesalzen)
1 EL Limettensaft
1 EL Ahornsirup
1/2–1 TL Zimtpulver (oder Süße Masala, S. 42)

Für 2 Personen | 25 Min. Zubereitung
Pro Portion ca. 230 kcal | 2 g EW | 8 g F | 40 g KH

1 Die Äpfel schälen, vierteln, entkernen und würfeln. Die Butter erhitzen, bis sie schäumt. Die Äpfel zugeben und ca. 2 Min. anbraten. Mit dem Zucker bestreuen und unter Rühren 1–2 Min. weiterbraten, bis der Zucker leicht karamellisiert. Mit der Kokosmilch ablöschen und 3–4 Min. köcheln lassen, bis die Äpfel weich sind.

2 Inzwischen die Minze abbrausen und trocken tupfen, die Blättchen in feine Streifen schneiden. Die Pistazien grob hacken.

3 Die Äpfel mit Limettensaft, Ahornsirup und Zimtpulver würzen. Mit Minze und Pistazien bestreuen und sofort servieren.

Exotische Beilage für Hühnchen und Curries

Kokos-Limetten-Reis

1 TL Ghee
120 g Basmatireis
150 ml Gemüsebrühe
150 ml Kokosmilch (aus der Dose)
1/2 TL Salz
1 Msp. gemahlener Kurkuma
1/2 TL Ingwerpulver
2 Kardamomkapseln
1 EL Kokosraspel
1 Bio-Limette
1 Spritzer Limettensaft
schwarzer Pfeffer aus der Mühle

Für 2 Personen | 20 Min. Zubereitung
Pro Portion ca. 305 kcal | 6 g EW | 9 g F | 49 g KH

1 Das Ghee in einem Topf schmelzen lassen. Den Reis zugeben und unter Rühren glasig werden lassen. Mit Brühe und Kokosmilch ablöschen. Mit Salz, Kurkuma und Ingwerpulver würzen. Die Kardamomkapseln im Mörser anstoßen, bis sie brüchig sind, aber nicht auseinanderfallen und zum Reis geben. Aufkochen lassen und den Reis bei schwacher Hitze in ca. 12 Min. (oder nach Packungsangabe) garen.

2 Inzwischen die Kokosraspel in einer Pfanne ohne Fett goldgelb rösten. Die Limette heiß waschen und abtrocknen, die Schale abreiben.

3 Den Reis mit einer Gabel lockern, mit Limettensaft und Pfeffer würzen. Kardamomkapseln entfernen. Den Reis mit Kokosraspeln und Limettenschale bestreuen.

Erfrischende Beilage zu Fisch

Apfel-Kurkuma-Reis

10 g frischer Ingwer
1 Apfel (ca. 150 g)
350 ml Gemüsebrühe
20 g Butter
140 g Basmatireis
1/2 TL gemahlener Kurkuma
1/2 TL gemahlener Kardamom

Für 2 Personen | 20 Min. Zubereitung
Pro Portion ca. 400 kcal | 8 g EW | 11 g F | 62 g KH

1 Ingwer schälen und sehr fein würfeln. Apfel waschen und mit der Schale in ca. 5 mm große Würfel schneiden.

2 Die Brühe erhitzen. Die Hälfte der Butter schmelzen lassen, bis sie schäumt. Ingwer zugeben und bei mittlerer Hitze 2–3 Min. andünsten. Reis zugeben, unter Rühren glasig werden lassen. An den Rand schieben, die restliche Butter schmelzen lassen. Die Apfelwürfel zugeben und unter Rühren 2 Min. dünsten. Kurkuma und Kardamom unterrühren, mit der Brühe ablöschen und alles aufkochen lassen. Den Reis zugedeckt bei schwacher Hitze in ca. 12 Min. (oder nach Packungsangabe) garen.

VARIANTE – MÖHRENREIS
1 Möhre (ca. 150 g) putzen, schälen und grob reiben. Anstelle der Apfelwürfel andünsten und mit dem Reis garen. Passt zu Hähnchen oder Spiegelei.

Frische Beilage zu Fisch, Hähnchen oder Ei

Limetten-Kräuter-Kartoffelpüree

400 g mehlig kochende Kartoffeln
Salz
8 Stängel glatte Petersilie
3 Stängel Minze (oder Koriandergrün)
150 ml Milch
20 g Butter
1 TL Schale von 1 Bio-Limette
1 Spritzer Limettensaft
grüner Pfeffer aus der Mühle

Für 2 Personen | 40 Min. Zubereitung
Pro Portion ca. 250 kcal | 7 g EW | 12 g F | 34 g KH

1 Die Kartoffeln schälen und in gleich große Stücke schneiden. Mit Salzwasser bedeckt in ca. 20 Min. garen. Inzwischen die Kräuter abbrausen, trocken tupfen, die Blätter hacken. Die Kartoffeln abgießen und etwas ausdampfen lassen.

2 Die Milch mit der Butter aufkochen lassen. Kartoffeln durch die Presse drücken und mit der Milch verrühren. Kräuter und Limettenschale untermischen. Mit Limettensaft und Pfeffer abschmecken.

VARIANTEN
Dill, Estragon, Basilikum oder Thymian fein gehackt lassen das Püree – passend zum Hauptgang – immer wieder anders schmecken.

FÜR DEN RUHETYP:
Die Hälfte der Milch durch Gemüsebrühe ersetzen und nur 10 g Butter nehmen.

Passt perfekt zu Hähnchen, Ente oder Lachs

Kartoffel-Orangen-Püree

400 g mehlig kochende Kartoffeln
Salz
1 Bio-Orange
8 Blätter Salbei
50 g Sahne
1 Msp. gemahlener Kurkuma
schwarzer Pfeffer aus der Mühle
1 Msp. Zimtpulver
20 g Butter

Für 2 Personen | 40 Min. Zubereitung
Pro Portion ca. 310 kcal | 5 g EW | 17 g F | 35 g KH

1 Die Kartoffeln schälen und in gleich große Stücke schneiden. Mit Salzwasser bedeckt in ca. 20 Min. garen. Inzwischen die Orange heiß waschen und abtrocknen, 1 TL Schale abreiben und 100 ml Saft auspressen. Die Salbeiblättchen abbrausen und trocken tupfen.

2 Kartoffeln abgießen und etwas ausdampfen lassen. Orangensaft mit der Sahne aufkochen lassen, Kurkuma einrühren. Die Kartoffeln durch die Presse drücken, mit der heißen Mischung verrühren. Mit Orangenschale, Pfeffer und Zimtpulver würzen.

3 Die Butter in einer kleinen Pfanne schmelzen lassen, die Salbeiblätter darin knusprig braten. Herausnehmen, etwas zerbröseln und mit der Butter über das Püree gießen.

VARIANTE
Statt gebratenem Salbei frischen Thymian verwenden.

FÜR DEN RUHETYP:
Die Sahne durch Milch ersetzen, die Menge der Butter halbieren und zusätzlich mit Cayennepfeffer würzen.

REZEPTE FÜR DEN RUHETYP

Allen, die nicht so leicht auf Touren kommen, helfen wir etwas nach: Sie starten mit frischem Obst in den Morgen, gönnen sich herzhafte Dips und Drinks, die Ihren Stoffwechsel pushen. Salate und würzige Hauptgerichte bringen Ihre Verdauung in Schwung. Fruchtige Desserts sind auch dabei.

Eine Mischung aus süßen, säuerlichen und scharfen Geschmackserlebnissen

Ananassalat mit Ingwer-Limetten-Dressing

1/2 Ananas (ca. 350 g Fruchtfleisch)
20 g Rosinen
1–2 Bio-Limetten
5–10 g frischer Ingwer
1 EL Akazienhonig
1 Kästchen Limettenkresse (oder 1 Handvoll Alfalfa-Sprossen)

Für 2 Personen | 15 Min. Zubereitung
Pro Portion ca. 150 kcal | 1 g EW | 1 g F | 37 g KH

1 Die Ananas schälen, den mittleren Strunk und die schwarzen Punkte entfernen. Das Fruchtfleisch klein schneiden und mit den Rosinen mischen. Die Limetten heiß waschen und abtrocknen. Von 1 Limette die Schale abreiben und 2 EL Saft auspressen. Den Ingwer schälen und fein reiben.

2 Für das Dressing Limettensaft und -schale mit Ingwer und Honig verrühren. Die Ananas untermischen. Die Kresse vom Beet schneiden und über den Salat streuen.

Feines warmes Frühstück oder eine leichte süße Mahlzeit

Würziger Birnen-Couscous

200 ml Apfelsaft
1/4 TL Ingwerpulver
1 Msp. gemahlener Kardamom
1 Msp. gemahlener Kurkuma
1 Prise Salz
80 g Instant-Couscous
20 g Walnusskerne
1 große Birne (ca. 200 g)
20 g Rosinen
2 EL Ahornsirup

Für 2 Personen | 15 Min. Zubereitung
Pro Portion ca. 380 kcal | 7 g EW | 7 g F | 71 g KH

1 Den Apfelsaft aufkochen lassen und vom Herd nehmen. Ingwerpulver, Kardamom, Kurkuma, Salz und Couscous einrühren. Zugedeckt etwa 7 Min. ausquellen lassen.

2 Inzwischen die Walnusskerne in einer Pfanne ohne Fett rösten, herausnehmen und hacken. Die Birne schälen, vierteln, entkernen und klein würfeln.

3 Birnen und Rosinen unter den Couscous mischen. Den Birnen-Couscous anrichten, mit Ahornsirup beträufeln und mit den Walnüssen bestreuen.

VARIANTE
Apfelsaft durch Orangensaft und Birne durch Kakifrüchte ersetzen. Mit Zimtpulver und etwas Cayennepfeffer würzen.

WÜRZVARIANTE
Ingwerpulver, Kardamom und Kurkuma durch 1/2 TL Frische Masala (S. 42) ersetzen.

FÜR DEN ENERGIETYP:
Die Birnen in 1 TL Ghee weich dünsten und nach Belieben etwas Sahne oder Frischkäse unterrühren.

Für alle, die es knackig und nicht so süß mögen

Kaki-Apfel-Salat mit körnigem Frischkäse

1 säuerlicher Apfel (z. B. Cox Orange, ca. 150 g)
2 feste Kakifrüchte (ca. 250 g)
1–2 EL Zitronensaft
1 Möhre (ca. 120 g)
1/4 TL gemahlener Kardamom
schwarzer Pfeffer aus der Mühle
200 g körniger Frischkäse
2 EL Apfeldicksaft

Für 2 Personen | 15 Min. Zubereitung
Pro Portion ca. 380 kcal | 10 g EW | 17 g F | 42 g KH

1 Apfel und Kakifrüchte waschen und abtrocknen. Auf der Juliennereibe mit der Schale in winzige Streifen reiben. Sofort mit dem Zitronensaft mischen. Die Möhre putzen, schälen, ebenfalls reiben und untermischen.

2 Den Salat mit Kardamom und Pfeffer würzen. Den Salat anrichten, den Frischkäse darauf verteilen und mit Apfeldicksaft beträufeln.

VARIANTEN
Auf ähnliche Art können Sie zubereiten: 1 feste Birne in winzige Streifen reiben und mit Fenchelstreifen mischen. Oder Ananasstückchen mit Möhrenraspel und Staudensellerie in feinen Streifen kombinieren.

Exotisch, frisch und fröhlich-scharf

Tropenfrüchte mit Kokos und Chili

1 reife Papaya (ca. 150 g Fruchtfleisch)
1 kleine reife Mango (ca. 150 g Fruchtfleisch)
1 kleine Pitahaya
2 EL Limettensaft
2 EL Kokosraspel
1 EL brauner Zucker
1/4 TL Cayennepfeffer
2 Stängel Minze
4 Physalis (Kapstachelbeere)

Für 2 Personen | 20 Min. Zubereitung
Pro Portion ca. 195 kcal | 2 g EW | 10 g F | 26 g KH

1 Die Papaya schälen, längs halbieren, entkernen und würfeln. Die Mango schälen, das Fruchtfleisch vom Stein schneiden und ebenfalls würfeln. Die Pitahaya längs halbieren, das Fruchtfleisch herauslösen und in Würfel schneiden. Die Früchte mit dem Limettensaft mischen.

2 Die Kokosraspel in einer Pfanne ohne Fett goldgelb rösten. Zucker mit Cayennepfeffer im Mörser zerreiben, Kokosraspel zugeben und zerstampfen und alles vermischen. Die Minze abbrausen und trocken tupfen, die Blättchen fein hacken.

3 Die Kokosmischung unter den Salat mischen und die Minze darüberstreuen. Die papierartige Hülle der Physalis öffnen und um den Stiel drehen. Den Salat mit den Physalis garnieren.

*Eine gelungene Kombination aus
Frucht und Gemüse*

Rote-Bete-Powerdrink

200 ml Rote-Bete-Saft
2–3 TL Tamarindenpaste
200 ml Bio-Möhrensaft (oder frisch gepresst)
200 ml frisch gepresster Orangensaft
2 TL Ahornsirup
Meersalz
schwarzer Pfeffer aus der Mühle
Chilisauce (z. B. Tabasco)

Für 2 Drinks | 10 Min. Zubereitung
Pro Drink ca. 150 kcal | 3 g EW | 1 g F | 34 g KH

1 Etwa 50 ml Rote-Bete-Saft mit der
Tamarindenpaste verrühren. Nach und nach
Möhren- und Orangensaft und den Ahornsirup
untermixen. Mit Salz, Pfeffer und Chilisauce nach
Belieben abschmecken.

Sehr frisch und extra leicht

Gurken-Wasabi-Drink (im Bild)

1 Salatgurke (ca. 400 g)
300 g Joghurt (1,5 % Fett)
Meersalz
grüner Pfeffer aus der Mühle
2–3 TL Wasabipaste
2 TL Agavendicksaft
2 kleine Stängel Dill

Für 2 Drinks | 10 Min. Zubereitung
Pro Drink ca. 110 kcal | 6 g EW | 3 g F | 15 g KH

1 Die Gurke schälen, längs halbieren entkernen
und würfeln. Mit dem Joghurt fein pürieren. Salz,
Pfeffer, Wasabi und Agavendicksaft zugeben und
untermixen.

2 Dill abbrausen und trocken tupfen. Den Drink
auf zwei Gläser verteilen und mit Dill oder nach
Belieben mit einer Gurkenscheibe dekorieren.

Fix gemixt für mehr Energie

Tomaten-Chili-Drink

300 ml kalter Tomatensaft
300 ml kalter Apfelsaft
2 TL Limettensaft
1–2 TL Chilisauce (z. B. Tabasco)
1/4 TL Kräutersalz

Für 2 Drinks | 5 Min. Zubereitung
Pro Drink ca. 110 kcal | 1 g EW | 1 g F | 25 g KH

1 Die gut gekühlten Säfte mischen. Mit
Limettensaft, Chilisauce und Kräutersalz pikant
abschmecken.

Süßlich, frisch und scharf

Möhren-Ingwer-Drink

300 g Joghurt (1,5 % Fett)
300 ml Bio-Möhrensaft (oder frisch gepresst)
10–15 g frischer Ingwer
2 TL Akazienhonig (oder Apfeldicksaft)
1 EL Zitronensaft
je 1 Prise Meersalz und Pfeffer (nach Belieben)

Für 2 Drinks | 10 Min. Zubereitung
Pro Drink ca. 130 kcal | 6 g EW | 2 g F | 22 g KH

1 Joghurt mit Möhrensaft verquirlen. Ingwer
schälen, klein schneiden und durch die Knoblauchpresse drücken. Den austretenden klaren Saft mit
Honig und Zitronensaft zur Joghurt-Möhren-
Mischung geben. Alles mit dem Pürierstab schaumig
aufmixen. Nach Belieben mit Salz und Pfeffer
würzen.

FÜR DEN ENERGIETYP:
*Den mageren Joghurt durch
Vollmilch- oder Sahnejoghurt
ersetzen und eventuell etwas
weniger Ingwer nehmen.*

Schön würzig und schnell gemacht

Tomaten-Sambal-Paste (im Bild unten)

1 EL Olivenöl
1 Tube Tomatenmark (200 g)
1 EL Honig
1/2 TL Rote Masala (S. 42; oder je 1/4 TL
Zimtpulver und gemahlener Cumin)
1 TL Sambal oelek
60 ml Apfelsaft
Meersalz | schwarzer Pfeffer aus der Mühle
1/2 Bund glatte Petersilie (oder Thymian)

Für 2 Personen | 15 Min. Zubereitung
Pro Portion ca. 190 kcal | 2 g EW | 6 g F | 33 g KH

1 Das Öl erhitzen. Tomatenmark zugeben und unter Rühren 4–5 Min. anrösten, bis es aromatisch duftet. Vom Herd nehmen, Honig, Masala und Sambal oelek untermischen. Nach und nach den Apfelsaft unterrühren. Die Paste salzen, pfeffern und abkühlen lassen.

2 Petersilie abbrausen und trocken tupfen, die Blättchen hacken und unter die Paste rühren.

VARIANTE
Die Paste ist eine ideale Basis für eine schnelle Toma-
tensauce zu Nudeln: Dafür die noch heiße Paste mit so
viel Gemüsebrühe verrühren, bis die gewünschte Kon-
sistenz erreicht ist.

TIPP
Die Paste passt morgens oder abends als Aufstrich zu
geröstetem Vollkornbrot. Oder zum Dippen mit Ge-
müsesticks. In einer Frischebox verpackt ist sie ideal
zum Mitnehmen. Fein auch für Gäste: als Vorspeise
oder auf kleinen Röstbrotscheiben als Crostini.

FÜR DEN ENERGIETYP:
Einfach Sambal oelek weg-
lassen!

Eine ungewöhnliche, fruchtig-würzige
Kombination

Weiße-Bohnen-Paste (im Bild oben)

1 kleine Dose weiße Riesenbohnen
(250 g Abtropfgewicht)
1 Bio-Orange
2–3 Stängel Zitronenthymian
2 EL weißer Aceto balsamico
2 TL Walnussöl
Meersalz
schwarzer Pfeffer aus der Mühle
1/4–1/2 TL Cayennepfeffer
1/4 TL frisch geriebene Muskatnuss
1/2 TL gemahlener Cumin
1 Msp. gemahlener Kurkuma
1 Msp. gemahlene Gewürznelke (nach Belieben)

Für 2 Personen | 15 Min. Zubereitung
Pro Portion ca. 190 kcal | 11 g EW | 6 g F | 23 g KH

1 Die Bohnen in einem Sieb kalt abbrausen und abtropfen lassen. Die Orange heiß waschen und abtrocknen, die Schale abreiben und 2 EL Saft aus-pressen. Den Zitronenthymian abbrausen und tro-cken tupfen, die Blättchen abstreifen und hacken.

2 Orangensaft, Essig und Öl verrühren. Bohnen zugeben und mit dem Pürierstab fein pürieren. Mit Salz, Pfeffer, Cayennepfeffer, Muskat, Cumin, Kurkuma und nach Belieben mit Gewürznelke scharf-pikant abschmecken. Mit dem Zitronen-thymian bestreuen.

TIPPS
Mit Möhrensticks dippen. Kurkuma und Cumin
machen die Bohnen leichter verdaulich.

WÜRZVARIANTE
Die Gewürze durch 1 TL Rote Masala (S. 42) ersetzen.

Vitello Tonnato lässt grüßen...

Räucherforellen-Dip

1 EL Salzkapern
125 g geräucherte Forellenfilets
6 Halme Schnittlauch
60 g Frischkäse (16 % Fett)
3 EL Apfelsaft
1 EL Dijonsenf
1 TL Zitronensaft
schwarzer Pfeffer aus der Mühle
Cayennepfeffer

Für 2 Personen | 15 Min. Zubereitung
Pro Portion ca. 160 kcal | 17 g EW | 8 g F | 5 g KH

1 Die Kapern in einem Sieb abbrausen, sodass alles Salz entfernt wird. Die Kapern trocken tupfen und hacken. Forellenfilets mit der Gabel zerpflücken. Schnittlauch abbrausen, trocken tupfen und in sehr feine Röllchen schneiden.

2 Frischkäse mit Apfelsaft, Senf und Zitronensaft glatt rühren. Forellenfilets und Kapern unterheben und nach Belieben fein pürieren. Mit Pfeffer und Cayennepfeffer abschmecken. Mit Schnittlauch bestreuen.

TIPP
Passt toll zu Ofenkartoffeln oder zu Hähnchenbrustfilet. Oder als Sauce für Nudel- oder Kartoffelsalate, die noch mit Apfelstückchen und Frühlingszwiebelringen ergänzt werden können.

ASIATISCHE VARIANTE
Senf und Kapern durch Wasabipaste, geriebenen Ingwer und fein gehackte grüne Chilischote ersetzen. Statt Zitronensaft etwas Limettensaft nehmen und den Dip mit Daikonkresse bestreuen.

Eine perfekte Mischung aus süß, sauer und scharf

Apfel-Avocado-Dip

1 säuerlicher Apfel (z. B. Braeburn, ca. 150 g)
2 TL Zitronensaft
40 g Frischkäse (16 % Fett)
1 reife Avocado (ca. 100 g Fruchtfleisch)
1 TL Dijonsenf (nach Belieben mehr)
1 TL Akazienhonig
Kräutersalz
grüner Pfeffer aus der Mühle
1/2 Beet Gartenkresse

Für 2 Personen | 10 Min. Zubereitung
Pro Portion ca. 200 kcal | 3 g EW | 16 g F | 12 g KH

1 Den Apfel schälen und fein reiben, sofort mit dem Zitronensaft beträufeln und mit dem Frischkäse verrühren. Die Avocado halbieren und entkernen. Das Fruchtfleisch mit einem Löffel aus der Schale lösen. Mit der Gabel zermusen und sofort mit der Apfelmischung verrühren.

2 Den Dip mit Senf, Honig, Kräutersalz und grünem Pfeffer scharf-pikant abschmecken. Die Kresse vom Beet schneiden und darüberstreuen.

TIPPS
Passt zu pochiertem oder geräuchertem Fisch wie Lachs und Forelle. Ist auch fein zu Pellkartoffeln.

VARIANTE
Mit 150 g Joghurt zu einem Salatdressing verlängern.

FÜR DEN ENERGIETYP:
Statt rohen Apfel Apfelmus verwenden, Senf weglassen und die Kresse durch Petersilie oder Dill ersetzen.

Sanft, frisch und scharf zugleich

Kichererbsen-Chili-Paste

1 Dose Kichererbsen (250 g Abtropfgewicht)
1 grüne Thai-Chilischote
1/2 Bund Koriandergrün
30 g weißes Mandelmus
2 EL Limettensaft
1 EL Olivenöl
Kräutersalz (oder Meersalz)
grüner Pfeffer aus der Mühle

Für 2 Personen | 25 Min. Zubereitung
Pro Portion ca. 320 kcal | 15 g EW | 15 g F | 33 g KH

1 Die Kichererbsen in ein Sieb geben, kalt abbrausen und zwischen den Händen rubbeln, bis sich
die Häutchen lösen. Die Häutchen entfernen. Die
Chilischote längs halbieren, putzen, waschen und
sehr fein hacken (Einweghandschuhe benutzen!).
Das Koriandergrün abbrausen und trocken tupfen,
die Blättchen und die zarten Stiele fein hacken.

2 Mandelmus mit 1 EL heißem Wasser glatt
rühren. Die Kichererbsen mit Mandelmus,
Limettensaft und Öl verrühren. Alles mit dem
Pürierstab sehr fein pürieren. Die Paste salzen und
pfeffern. Chiliwürfel und Koriandergrün untermischen.

GUT ZU WISSEN
*Ohne Häutchen sind die Kichererbsen leichter ver-
daulich und lassen sich feiner pürieren.*

TIPP
*Dazu passen Gemüsesticks oder Fladenbrot in
Streifen.*

Eine überraschend köstliche Kombination

Tomaten-Kapern-Paste

35 g getrocknete Tomaten (ohne Öl)
50 g Soft-Trockenaprikosen
2 EL Olivenöl
40 g Tomatenmark
150 ml frisch gepresster Orangensaft
1 TL Honig
1/4 TL Zimtpulver
1/4–1/2 TL Harissa
1 EL Salzkapern
Salz
schwarzer Pfeffer aus der Mühle
2 Zweige Thymian

Für 2 Personen | 30 Min. Zubereitung
Pro Portion ca. 245 kcal | 5 g EW | 11 g F | 32 g KH

1 Die getrockneten Tomaten in wenig Wasser
5 Min. köcheln lassen. Herausnehmen, abtropfen
lassen, trocken tupfen und fein hacken. Die
Aprikosen ebenfalls fein hacken.

2 Das Öl erhitzen, Tomaten und Aprikosen darin
unter Rühren 2–3 Min. andünsten. Tomatenmark
zugeben und unter Rühren 3–4 Min. anrösten. Mit
dem Orangensaft ablöschen und bei schwacher
Hitze bis zur gewünschten Konsistenz köcheln lassen. Mit Honig, Zimtpulver und Harissa abschmecken. Abkühlen lassen.

3 Die Salzkapern gründlich abspülen, trocken tupfen, hacken und unter die Paste rühren. Die Paste
eventuell noch etwas salzen und pfeffern. Thymian
abbrausen und trocken tupfen. Die Blättchen abstreifen, hacken und über die Paste streuen.

TIPP
Die Paste ist ideal auch für Crostini.

Ein feurig-scharfer Sattmacher

Tomaten-Chili-Suppe mit Kidneybohnen

2 Schalotten (nach Belieben)
2 TL Olivenöl
2 EL Tomatenmark
1–2 TL Harissa
150 ml Gemüsebrühe
1 Dose stückige Tomaten (240 g Abtropfgewicht)
Salz
schwarzer Pfeffer aus der Mühle
1/2 TL dunkles Kakaopulver
Muskatnuss, frisch gerieben
1 Dose Kidneybohnen (250 g Abtropfgewicht)
2 Stängel glatte Petersilie
75 g cremiger Joghurt (1,5 % Fett)

Für 2 Personen | 25 Min. Zubereitung
Pro Portion ca. 220 kcal | 12 g EW | 7 g F | 28 g KH

1 Nach Belieben die Schalotten schälen und fein hacken. Öl erhitzen, die Schalotten darin 3 Min. dünsten. Tomatenmark und Harissa zugeben und unter Rühren 3 Min. anrösten. Mit der Gemüse-brühe ablöschen. Tomaten zugeben, salzen und pfeffern. Mit Kakaopulver und Muskatnuss würzen.

2 Die Kidneybohnen in ein Sieb abgießen, kalt abspülen und abtropfen lassen. In der Suppe erwär-men, aber nicht kochen lassen. Die Petersilie ab-brausen und trocken schütteln, die Blättchen ha-cken. Den Joghurt mit etwas Salz glatt rühren.

3 Die Suppe anrichten, je 1 Klecks Joghurt darauf-geben, etwas Muskatnuss darüberreiben und mit Petersilie bestreuen.

Ein feines, leichtes Süppchen, auch für Gäste

Safran-Kokos-Suppe mit Spinat (im Bild)

350 g mehlig kochende Kartoffeln
1/4 l Gemüsebrühe
1 Msp. Safranfäden
150 g Blattspinat
10 g frischer Ingwer
1 Schalotte
200 ml Kokoswasser (Reformhaus)
100 ml Kokosmilch (aus der Dose)
Salz | schwarzer Pfeffer aus der Mühle
Cayennepfeffer
1–2 TL Limettensaft
2 TL Öl

Für 2 Personen | 40 Min. Zubereitung
Pro Portion ca. 250 kcal | 8 g EW | 7 g F | 41 g KH

1 Die Kartoffeln schälen, waschen und in gleich große Stücke schneiden. In der Brühe zum Kochen bringen und in ca. 20 Min. garen. Inzwischen die Safranfäden im Mörser zerreiben, mit 2 EL warmem Wasser verrühren und ziehen lassen. Den Spinat gründlich waschen, die Blattrippen entfernen, die größeren Blätter etwas zerzupfen. Ingwer und Schalotte schälen, beides sehr fein würfeln.

2 Kartoffeln in der Brühe pürieren. Kokoswasser, Kokosmilch und Safranflüssigkeit zugeben, bei schwacher Hitze 4–6 Min. köcheln lassen. Mit Salz, Pfeffer, Cayennepfeffer und Limettensaft würzen.

3 Öl erhitzen, die Schalotte darin glasig andünsten. Ingwer zugeben, unter Rühren 1–2 Min. mitdüns-ten. Den tropfnassen Spinat zugeben, in ca. 3 Min. zusammenfallen lassen. Gut ausdrücken und salzen, in die Suppe geben und 1 Min. ziehen lassen.

FÜR DEN ENERGIETYP:
Den Cayennepfeffer weglas-sen, anstelle des Kokoswassers nur Kokosmilch verwenden.

Herbe Salate lieben süßlich milde Kartoffeln

Kartoffelsalat auf Rucola und Löwenzahn

400 g Minikartoffeln (z. B. Drillinge)
Salz
1 Bio-Zitrone
1 Bio-Orange
2 TL Dijonsenf
2 TL Ahornsirup
3 EL Gemüsebrühe
schwarzer Pfeffer aus der Mühle
3 EL Olivenöl
je ca. 70 g Rucola und Löwenzahn (oder Endivien)
1 rote Chilischote
30 g grüne, geschälte Pistazien (nicht gesalzen)

Für 2 Personen
30 Min. Zubereitung | 1-2 Std. Marinierzeit
Pro Portion ca. 420 kcal | 10 g EW | 24 g F | 40 g KH

1 Die Kartoffeln unter fließendem Wasser gründlich bürsten. Mit der Schale und mit Salzwasser bedeckt in 16–18 Min. garen.

2 Inzwischen Zitrone und Orange heiß waschen und abtrocknen und die Schalen abreiben. 3 EL Orangensaft und 2 EL Zitronensaft auspressen. Mit Senf, Ahornsirup, Brühe, Salz und Pfeffer verrühren. Das Öl tropfenweise unterschlagen.

3 Die Kartoffeln abgießen, je nach Größe halbieren oder vierteln und noch heiß mit dem Dressing übergießen. Abkühlen lassen und 1–2 Std. im Kühlschrank ziehen lassen, dabei öfter wenden.

4 Inzwischen Rucola und Löwenzahn putzen, abbrausen und trocken tupfen. Die Chilischote längs halbieren, putzen, waschen und fein würfeln. Die Pistazien grob hacken.

5 Die Salate auf zwei großen Tellern anrichten. Darauf die marinierten Kartoffeln verteilen, mit den Chiliwürfeln und Pistazien bestreuen.

Ein Salat mit sehr viel Biss und ganz feinem Lakritz-Aroma

Fenchel-Apfel-Salat mit Sprossen

4 EL Apfelsaft
2 TL weißer Aceto balsamico
1 EL Akazienhonig
Meersalz
schwarzer Pfeffer aus der Mühle
Cayennepfeffer
1/4 TL gemahlener Anis
2 EL Walnussöl
250 g Fenchel
200 g Möhren
1 Apfel (ca. 150 g)
60 g Sprossenmix
20 g Walnusskerne

Für 2 Personen | 20 Min. Zubereitung
Pro Portion ca. 320 kcal | 8 g EW | 18 g F | 32 g KH

1 Für das Dressing Apfelsaft mit Essig, Honig, Salz, Pfeffer, Cayennepfeffer und Anis verrühren. Das Öl tropfenweise unterschlagen.

2 Fenchel putzen, halbieren, vom mittleren Strunk befreien. Möhren putzen und schälen. Den Apfel waschen und abtrocknen. Fenchel, Möhren und Apfel mit Schale auf der Juliennereibe in feine Streifen hobeln. Alles mit dem Dressing vermischen.

3 Die Sprossen abbrausen und abtropfen lassen. Die Walnusskerne in einer Pfanne ohne Fett rösten. Abkühlen lassen und grob hacken. Sprossen und Walnüsse über den Salat streuen.

TIPP
Den Salat zur Abwechslung mit Frischer Masala
(S. 42) würzen.

Im Jetzt leben

Der Einstiegspunkt in die Yogapraxis ist immer genau dort, wo Du Dich

»jetzt« befindest! Deswegen warte nicht, ob das Leben Dir jemals die idealen

Bedingungen präsentieren wird. Beginne »jetzt!«

Ein sehr feiner Salat für besondere Anlässe

Thunfischtatar mit Avocado-Apfel-Sauce

2 Frühlingszwiebeln (nach Belieben)
1 kleine, grüne Chilischote
1 kleine Stange Staudensellerie (aus dem Herzstück)
1/4 Bund glatte Petersilie
80 g Sprossenmix
1–2 Bio-Limetten
1 kleine, reife Avocado
2 EL Schmand
1 kleiner, säuerlicher Apfel (z. B. Elstar, ca. 120 g)
1 TL Wasabipaste
Salz | grüner Pfeffer aus der Mühle
200 g Thunfischfilet (Sushi-Qualität)
2 TL Olivenöl
1 EL helle Sojasauce

Für 2 Personen | 35 Min. Zubereitung
Pro Portion ca. 480 kcal | 26 g EW | 37 g F | 13 g KH

1 Nach Belieben die Frühlingszwiebeln putzen, waschen, das Weiße sehr fein hacken, das Grüne in feine Ringe schneiden. Die Chilischote längs halbieren, putzen, waschen und sehr fein würfeln. Den Staudensellerie putzen, waschen und ebenfalls sehr klein würfeln. Die Petersilie abbrausen und trocken tupfen, die Blättchen hacken. Die Sprossen abbrausen und trocken tupfen. Die Limetten heiß waschen und abtrocknen.

2 Die Schale von 1 Limette abreiben, 4 TL Saft auspressen, restliche Limette in dünne Scheiben schneiden.

3 Für das Dressing die Avocado halbieren und entkernen. Das Fruchtfleisch mit einem Löffel aus der Schale lösen und mit der Gabel zerdrücken. Sofort mit 2 TL Limettensaft und Schmand mischen. Den Apfel schälen, fein reiben und sofort unter die Avocado-Schmand-Mischung rühren. Mit Wasabipaste, Salz und Pfeffer abschmecken.

4 Den Thunfisch in ca. 3 mm kleine Würfel schneiden, mit Öl, Sojasauce, Limettenschale und übrigem Limettensaft mischen, mit Salz und Pfeffer würzen. Das Weiße der Frühlingszwiebeln, Petersilie, Staudensellerie und Chiliwürfel untermischen.

5 Den Sprossensalat ringförmig auf zwei Tellern anrichten. In die Mitte das Tartar setzen. Je 1 Klecks von dem Dressing auf das Tartar geben, den Rest über die Sprossen träufeln.

Knackiger Spargel trifft Fruchtiges und Scharfes

Spargelsalat mit scharfer Orangen-Vinaigrette (im Bild)

1 Bio-Orange
1/2 TL Aceto balsamico
1/2 TL Harissa
1 TL Ahornsirup
Meersalz
schwarzer Pfeffer aus der Mühle
2 EL Olivenöl
1 Bund grüner Spargel (ca. 450 g)
1/2 reife Honigmelone (ca. 250 g Fruchtfleisch)
1 Kästchen Daikonkresse

Für 2 Personen
30 Min. Zubereitung | 30 Min. Marinierzeit
Pro Portion ca. 220 kcal | 6 g EW | 10 g F | 25 g KH

1 Für die Vinaigrette die Orange heiß waschen und abtrocknen, 1 TL Schale abreiben und 3 EL Saft auspressen. Orangensaft mit Essig, Harissa, Ahornsirup, Salz und Pfeffer verrühren. Das Öl tropfenweise unterschlagen.

2 Das untere Drittel vom Spargel schälen, eventuell harte Teile wegschneiden. Die Stangen waschen und schräg in 3 Stücke schneiden. Wasser in einem Topf zum Kochen bringen. Die dickeren Spargelstücke in einem Siebeinsatz in den Topf setzen und ca. 2 Min. dämpfen. Die zarteren Stücke und Spargelköpfe zugeben und alles weitere 4–6 Min. dämpfen, sodass der Spargel noch Biss hat. Herausnehmen, kalt abschrecken und abtropfen lassen. Mit der Vinaigrette mischen und zugedeckt im Kühlschrank 30 Min. ziehen lassen.

3 Die Melone entkernen, schälen und in mundgerechte Stücke schneiden. Mit dem Spargel mischen. Die Kresse vom Beet schneiden und über den Salat streuen.

Japanischer Genuss ohne aufwendiges Rollen

Sushisalat mit Apfel-Wasabi-Dressing

150 g Sushireis | Salz
2 EL Reisessig
1 1/2 TL Zucker
1/2 Salatgurke
1 EL Sesamsamen
15 g frischer Ingwer
1/4 l Apfelsaft
2–3 TL Wasabipaste
1 TL Öl | 1 TL Sesamöl
grüner Pfeffer aus der Mühle
80 g Thunfischfilet (Sushi-Qualität)
80 g Lachsfilet (Sushi-Qualität)
1 kleine reife Avocado
2 TL Algenflakes
helle Sojasauce

Für 2 Personen | 45 Min. Zubereitung
Pro Portion ca. 690 kcal | 25 g EW | 33 g F | 73 g KH

1 Reis in kochendem Salzwasser nach Packungsangaben zubereiten. Reisessig aufkochen lassen, Zucker und 1 1/2 TL Salz darin auflösen. Gurke schälen, längs halbieren, entkernen, fein würfeln, salzen und abtropfen lassen. Sesamsamen rösten, bis sie duften.

2 Den Ingwer schälen und fein hacken. Mit Apfelsaft aufkochen und um die Hälfte einkochen lassen. 1–2 TL Wasabipaste einrühren. Öl und Sesamöl hineinrühren.

3 Reis auflockern, den Reisessig unterrühren. Die Gurke mit Küchenpapier trocken tupfen und untermischen. Reis mit restlicher Wasabipaste und grünem Pfeffer würzen. Auf zwei Tellern anrichten, dabei jede Portion zu einer Halbkugel formen.

4 Fischfilets in schmale Streifen schneiden. Avocado halbieren, entkernen, schälen und in Spalten schneiden. Mit dem Fisch um den Reis herum anrichten, mit dem Dressing beträufeln. Den Salat mit Sesamsamen und Algenflakes bestreuen. Sojasauce zum Nachwürzen extra servieren.

Macht lange satt ohne zu belasten

Graupen-Radicchio-Salat

40 g Schalotten
2 Stangen Staudensellerie
1/4 l Gemüsebrühe
2 EL Olivenöl
150 g Gerstengraupen (extra grob)
50 ml Noilly Prat (ersatzweise Weißwein
oder Apfelsaft)
25 g Walnusskerne
1/2 Bund glatte Petersilie
1 rote Chilischote
1 Bio-Orange
100 g Radicchio
Salz | schwarzer Pfeffer aus der Mühle
1/4 TL frisch gemahlener Piment
Muskatnuss, frisch gerieben

Für 2 Personen | 55 Min. Zubereitung
Pro Portion ca. 490 kcal | 12 g EW | 20 g F | 62 g KH

1 Schalotten schälen, fein würfeln. Staudensellerie waschen, putzen, klein würfeln. Brühe erhitzen. 1 EL Öl erhitzen, Schalotten darin glasig andünsten. Staudensellerie kurz mitdünsten. Graupen zufügen, unter Rühren glasig dünsten. Mit Noilly Prat ablöschen. Brühe zugießen, alles aufkochen und zugedeckt ca. 30 Min. köcheln lassen.

2 Walnusskerne in einer Pfanne rösten. Herausnehmen und grob hacken. Die Petersilie abbrausen und trocken tupfen, die Blättchen hacken. Die Chilischote längs halbieren, putzen, waschen und fein würfeln. Die Orange heiß waschen und abtrocknen, 2 TL Schale abreiben und 3 EL Saft auspressen. Radicchio putzen, waschen, in feine Streifen schneiden und ringförmig auf einer Platte anrichten.

3 Für das Sprinkle Nüsse mit Petersilie, Chili, Orangenschale, Salz, Pfeffer, Piment und Muskatnuss mischen. Orangensaft mit dem restlichen Öl, etwas Salz und Pfeffer verrühren. Das Dressing über den Salat träufeln. In die Mitte die Gerstengraupen füllen, mit der Nussmischung bestreuen.

Dieser Gemüsesalat schmeckt kalt und warm

Gedämpftes Gemüse

60 ml Gemüsebrühe
50 g geröstete gesalzene Cashewkerne
50 g Frischkäse (16 % Fett)
2 TL helle Sojasauce
1 TL Reisessig
1/2–1 TL Sambal oelek
250 g Möhren
250 g Brokkoli
250 g Blumenkohl | Salz
150 g Joghurt (1,5 % Fett)
schwarzer Pfeffer aus der Mühle

Für 2 Personen | 40 Min. Zubereitung
Pro Portion ca. 320 kcal | 18 g EW | 17 g F | 25 g KH

1 Brühe erhitzen. Cashewkerne im Blitzhacker fein mahlen, mit der Brühe verrühren. Den Frischkäse untermischen. Mit Sojasauce, Reisessig und Sambal oelek würzen, etwas ziehen und quellen lassen.

2 Möhren putzen, schälen und in gleich große Stifte schneiden. Brokkoli und Blumenkohl waschen, putzen und in kleine Röschen teilen.

3 In einen Wok oder Kochtopf Wasser zum Kochen bringen, einen Dämpfeinsatz hineinsetzen. Das Gemüse darin nach Sorten getrennt in 4–7 Min. bissfest dämpfen, herausheben und leicht salzen.

4 Den Dip mit Joghurt verrühren, mit Salz und Pfeffer würzen. Mit dem Gemüse anrichten.

TIPP
Der Dip ergibt eine köstliche heiße Sauce, zum Beispiel zu Blattspinat. Die Sauce wie in Schritt 1 beschrieben zubereiten, dabei ca. 100 ml Brühe verwenden und auf die Zugabe von Joghurt verzichten.

FÜR DEN ENERGIETYP:
Blumenkohl und Brokkoli durch Spargel, Fenchel oder Sellerie ersetzen. Sambal oelek durch fein gehackten kandierten Ingwer ersetzen.

Veränderungen zulassen

Tamas, die Trägheit, ist der einzige Feind, den es mit Hilfe der Yogapraxis zu überwinden gilt. Der träge Anteil in uns verhindert, dass wir weder wachsen noch uns entfalten – denn beides bedeutet Veränderung!

Klassiker abgewandelt und ohne Mayonnaise

Cole Slaw mit Kürbiskernen

120 g Spitzkohl (am besten das zarte Herzstück)
Salz
2 TL Zucker
1 Möhre (ca. 120 g)
1 Apfel (ca. 150 g)
1 kleiner Fenchel (ca. 100 g)
1/2 Bund glatte Petersilie
1 ganz frisches Eigelb
2 EL Olivenöl
150 g Joghurt (1,5 % Fett)
50 g Frischkäse (16 % Fett)
1 TL Kräutersalz
schwarzer Pfeffer aus der Mühle
Cayennepfeffer
20 g Kürbiskerne

Für 2 Personen | 35 Min. Zubereitung
Pro Portion ca. 370 kcal | 11 g EW | 24 g F | 26 g KH

1 Den Kohl putzen, waschen und in streichholz-dünne Streifen schneiden. Mit je 1 TL Salz und Zucker bestreuen und mit dem Stößel vom Mörser kräftig zerstampfen.

2 Die Möhre putzen und schälen. Den Apfel waschen und abtrocknen. Möhre und Apfel auf der Juliennereibe in feine Streifen hobeln. Den Fenchel waschen, putzen, vom mittleren Strunk befreien und in feine Streifen schneiden. Alles mit dem Kohl vermengen. Die Petersilie abbrausen und trocken tupfen, die Blättchen hacken und untermischen.

3 Das Eigelb mit Öl verrühren. Joghurt und Frischkäse untermischen. Mit Kräutersalz, Pfeffer, Cayennepfeffer und übrigem Zucker würzen. Die Sauce mit den Salatzutaten mischen.

4 Die Kürbiskerne in einer Pfanne ohne Fett goldgelb rösten. Herausnehmen, hacken und über den Salat streuen.

GUT ZU WISSEN
Durch das Stampfen werden die Fasern des Kohls aufgebrochen. Dadurch wird er leichter verdaulich.

Süß, sauer, herb und scharf:
der perfekte Sommersalat

Melonen-Rucola-Salat mit Garnelen

800 g reife Wassermelone (ca. 500 g Fruchtfleisch)
2 EL Zitronensaft
schwarzer Pfeffer aus der Mühle
1 kleines Bund Rucola
200 g geschälte, rohe Garnelen
3 EL Olivenöl
Salz
1/2–1 TL Harissa

Für 2 Personen | 25 Min. Zubereitung
Pro Portion ca. 390 kcal | 21 g EW | 25 g F | 22 g KH

1 Von der Wassermelone die Schale, die weißen Teile und die Kerne entfernen. Das Fruchtfleisch in ca. 2 cm große Würfel schneiden. Mit 1 EL Zitronensaft beträufeln, pfeffern und zugedeckt im Kühlschrank marinieren.

2 Rucola waschen, trocken tupfen, die harten Stiele entfernen, die Blätter in kleine Stücke zerzupfen. Mit der Wassermelone mischen.

3 Den Rücken der Garnelen mit einem scharfen Messer leicht einschneiden, den Darm vorsichtig entfernen. Garnelen waschen und trocken tupfen. Das Öl erhitzen, die Garnelen darin bei mittlerer Hitze von jeder Seite 1–2 Min. braten, sodass sie außen rosig und innen leicht glasig sind.

4 Die Garnelen aus der Pfanne nehmen, salzen, pfeffern und mit dem Salat anrichten. Das warme Öl in der Pfanne mit restlichem Zitronensaft und Harissa verrühren und über die Garnelen träufeln.

VEGETARISCHE VARIANTE
1–2 EL Olivenöl mit 1/2–1 TL Harissa und 1 EL gehackten Thymian verrühren. 125 g Schafskäse (Feta) klein würfeln und darin ca. 10 Min. marinieren. Zum Servieren mit Wassermelone und Rucola mischen.

Knackig-frisch und schön leicht

Gemüsesalat mit körnigem Frischkäse

2 kleine Frühstücksgurken
2 Stangen Staudensellerie
1 säuerlicher Apfel (z. B. Cox Orange; ca. 150 g)
1–2 grüne Chilischoten
200 g körniger Frischkäse
Kräutersalz
grüner Pfeffer aus der Mühle
1 TL Akazienhonig
20 g Kürbiskerne
1/2 Bund Dill

Für 2 Personen | 25 Min. Zubereitung
Pro Portion ca. 230 kcal | 19 g EW | 8 g F | 19 g KH

1 Die Gurken waschen und mit Schale in ca. 3 mm kleine Würfel schneiden. Staudensellerie waschen, putzen und ebenfalls klein würfeln. Apfel waschen, abtrocknen, mit Schale vierteln, entkernen und klein würfeln. Die Chilischoten längs halbieren, putzen, waschen sehr fein würfeln.

2 Den Frischkäse mit Kräutersalz, Pfeffer und Honig würzen, mit den Gemüsewürfelchen vermengen.

3 Die Kürbiskerne in einer Pfanne ohne Fett rösten. Herausnehmen und grob hacken. Den Dill abbrausen und trocken tupfen, die Spitzen klein hacken. Beides über den Salat streuen.

VARIANTE
Die Gurken durch Zucchini ersetzen.

FÜR DEN ENERGIETYP:
Statt Gurken und Staudensellerie das Fruchtfleisch 1 kleinen Avocado würfeln und mit Zitronensaft beträufeln. Apfel vor dem Würfeln schälen, Chilischote weglassen.

Diese Raita ist blitzschnell zubereitet

Tomaten-Petersilien-Raita

100 g Kirschtomaten
Salz
1/4 Bund glatte Petersilie
150 g Joghurt (1,5 % Fett)
schwarzer Pfeffer aus der Mühle
1/4 TL gemahlener Cumin
Cayennepfeffer

Für 2 Personen
10 Min. Zubereitung | 30 Min. Kühlzeit
Pro Portion ca. 40 kcal | 3 g EW | 1 g F | 5 g KH

1 Tomaten waschen, ohne Stielansätze klein würfeln und salzen. Petersilie abbrausen und trocken tupfen, die Blättchen hacken. Mit Tomaten und Joghurt mischen. Mindestens 30 Min. kalt stellen. Mit Salz, Pfeffer, Cumin und Cayennepfeffer abschmecken.

FÜR DEN ENERGIETYP:
Cayennepfeffer weglassen und Joghurt mit 3,5 % Fett verwenden.

Doppelt scharf und würzig

Gurken-Ingwer-Raita

1 Stück Salatgurke (ca. 120 g)
Salz | schwarzer Pfeffer aus der Mühle
1 kleine, grüne Chilischote
1 Stück frischer Ingwer (haselnussgroß)
150 g Joghurt (1,5 % Fett)
4 Stängel Thai-Basilikum

Für 2 Personen
15 Min. Zubereitung | 30 Min. Kühlzeit
Pro Portion ca. 40 kcal | 3 g EW | 1 g F | 5 g KH

1 Gurke schälen, längs halbieren, entkernen und ca. 3 mm klein würfeln. Salzen und pfeffern.

2 Chilischote längs halbieren, putzen, waschen und sehr fein würfeln. Ingwer schälen und fein reiben. Gurke mit Chili, Ingwer und Joghurt verrühren. Mindestens 30 Min. kalt stellen.

3 Basilikum abbrausen und trocken tupfen, die Blättchen fein hacken und unter die Raita rühren.

TIPP
Mit Frischer Masala (S. 42) würzen.

Exotisch-nussig und erfrischend

Kokos-Chili-Raita

20 g Kokosraspel
1/2 Bund Koriandergrün
1/2 grüne Chilischote
1 Bio-Zitrone
150 g Joghurt (1,5 % Fett)
Salz | schwarzer Pfeffer aus der Mühle
1/4 TL gemahlener Cumin
1 Spritzer Zitronensaft (nach Belieben)

Für 2 Personen
20 Min. Zubereitung | 30 Min. Kühlzeit
Pro Portion ca. 90 kcal | 3 g EW | 7 g F | 4 g KH

1 Die Kokosraspel mit wenig kochend heißem Wasser übergießen, sodass sie gerade bedeckt sind. Zugedeckt ca. 10 Min. quellen lassen.

2 Koriandergrün abbrausen und trocken tupfen. Einige Blättchen ganz lassen, Rest fein hacken. Chilischote längs halbieren, putzen, waschen, sehr fein würfeln. Zitrone heiß waschen und abtrocknen, 1/2 TL Schale abreiben.

3 Kokosraspel mit Küchenpapier ausdrücken. Mit Joghurt mischen, nach Belieben mit dem Pürierstab fein mixen. Koriandergrün, Chili und Zitronenschale untermischen. Mit Salz, Pfeffer, Cumin und nach Belieben mit Zitronensaft würzen. Mindestens 30 Min. kalt stellen. Mit den übrigen Korianderblättchen dekorieren.

*Die klassische Kombination Honig & Senf
passt nicht nur zu Lachs*

Blumenkohl mit Senf-Honig-Sauce (im Bild)

100 ml Gemüsebrühe
1 EL braune Senfkörner
15 g frischer Ingwer
4 Frühlingszwiebeln
1/2 Bund glatte Petersilie
1 mittelgroßer Blumenkohl (ca. 600 g ohne
Strunk)
1 EL Honig
100 ml Sojasahne
Salz
schwarzer Pfeffer aus der Mühle
1 EL Ghee

**Für 2 Personen | 35 Min. Zubereitung
Pro Portion ca. 200 kcal | 10 g EW | 10 g F | 19 g KH**

1 Die Brühe erhitzen. Senfkörner mahlen oder im Mörser zerquetschen, unter die Brühe rühren, ca. 10 Min. quellen lassen. Inzwischen den Ingwer schälen und fein würfeln. Frühlingszwiebeln putzen und waschen. Das Weiße fein hacken, das Grüne in schmale Ringe schneiden. Die Petersilie abbrausen und trocken tupfen, die Blättchen hacken.

2 Den Wok zu ca. einem Drittel mit Wasser füllen, zum Kochen bringen und den Dämpfkorb einsetzen. Den Blumenkohl putzen, waschen und in kleine Röschen teilen. In den Dämpfkorb geben und in 5–7 Min. bissfest dämpfen. Inzwischen die Senf-brühe erhitzen, Honig und Sojasahne einrühren und ca. 5 Min. köcheln lassen. Mit Salz und Pfeffer würzen und die Brühe warm halten.

3 Den Blumenkohl herausnehmen, den Wok tro-cken reiben und wieder erhitzen. Ghee zugeben und heiß werden lassen. Ingwer und das Weiße der Früh-lingszwiebeln anbraten. Blumenkohl zugeben und unter Rühren 2–3 Min. braten, etwas salzen. Früh-lingszwiebelgrün zugeben und 2 Min. mitbraten.

4 Den Blumenkohl anrichten, die Senf-Honig-Sauce darüberträufeln und mit Petersilie bestreuen.

Schnell, scharf, gesund – einfach tolle Nudeln

Asia-Gemüse-Nudeln

100 g Vollkorn-Spaghettini
Salz
300 g Möhren
300 g Zucchini
1 Bund glatte Petersilie
1 EL Sesamsamen
1 EL Öl
4 EL helle Sojasauce
4 EL kräftige Gemüsebrühe
2 TL Sesamöl
1 TL Reisessig (oder Limettensaft)
1 TL Sambal oelek

**Für 2 Personen | 30 Min. Zubereitung
Pro Portion ca. 330 kcal | 11 g EW | 13 g F | 43 g KH**

1 Die Spaghettini in kochendem Salzwasser nach Packungsangabe bissfest garen. Inzwischen die Möhren putzen und schälen. Zucchini waschen und putzen. Beides auf der Juliennereibe in sehr feine Streifchen hobeln. Petersilie abbrausen und trocken tupfen, die Blättchen hacken. Sesamsamen in einer Pfanne ohne Fett rösten, bis sie duften.

2 Das Öl erhitzen, Möhren darin unter Rühren 1–2 Min. anbraten. Zucchini zugeben und 1–2 Min. mitbraten. Sojasauce mit Brühe, Sesamöl, Essig und Sambal oelek verrühren und über das Gemüse ge-ben. Die Nudeln abgießen und mit dem Gemüse mischen. Mit Petersilie und Sesamsamen bestreuen.

*Indische und mediterrane Aromen
treffen aufeinander*

Paprikaschoten mit Curry-Hirse-Füllung

2 Schalotten (nach Belieben)
2 Stangen Staudensellerie (ca. 70 g)
1 rote Chilischote
100 g Hirse
3 TL Olivenöl
1/2 TL Currypulver (oder Rote Masala S. 42)
180 ml Gemüsebrühe
100 g Schafkäse (Feta)
1/2 Bund glatte Petersilie
4 Stängel Thymian
2 große rote Paprikaschoten (ca. 400 g)
Salz
schwarzer Pfeffer aus der Mühle
20 g Butter

**Für 2 Personen
40 Min. Zubereitung | 35 Min. Garzeit
Pro Portion ca. 500 kcal | 16 g EW | 27 g F | 50 g KH**

1 Nach Belieben die Schalotten schälen und sehr fein würfeln. Staudensellerie waschen, putzen und in ca. 5 mm große Würfel schneiden. Die Chilischote längs halbieren, putzen, waschen und fein würfeln. Die Hirse in ein Haarsieb geben und waschen.

2 2 TL Öl erhitzen, die Schalotten darin glasig andünsten. Staudensellerie und Chili zugeben, kurz mitdünsten. Hirse und Currypulver zugeben und unter Rühren kurz andünsten. Mit der Brühe ablöschen, die Hirse nach Packungsangabe ca. 5 Min. kochen und zugedeckt in 10 Min. ausquellen lassen.

3 Den Ofen auf 200° vorheizen Eine ofenfeste Form (24 cm Ø) mit dem restlichen Öl auspinseln. Den Schafkäse klein würfeln. Petersilie und Thymian abbrausen und trocken tupfen, die Blättchen hacken. Die Paprikaschoten längs halbieren, putzen und waschen.

4 Die Hirse mit Feta und Kräutern mischen, mit Salz und Pfeffer abschmecken und in die Paprikahälften füllen, die Butter in Flöckchen daraufsetzen. Im Backofen (Mitte, Umluft 180°) in ca. 35 Min. garen.

TIPP
Dazu passt Tomaten-Petersilien-Raita (S. 101).

FÜR DEN ENERGIETYP:
Schalotten und Chili weglassen. Statt Paprika Fleischtomaten nehmen, mit Gouda bestreuen, 20 Min. backen.

Feurige Curry-Mango-Linsen

10 g frischer Ingwer
1 kleine rote Paprikaschote
1 rote Chilischote
150 g rote Linsen
1 EL Olivenöl
2 TL Currypulver (oder Rote Masala, S. 42)
300 ml grünes Kokoswasser
1 kleine unreife Mango (ca. 180 g Fruchtfleisch)
20 g Kokosraspel
2 Stängel Minze
Salz

Für 2 Personen | 45 Min. Zubereitung
Pro Portion ca. 480 kcal | 22 g EW | 14 g F | 67 g KH

1 Den Ingwer schälen und sehr fein hacken. Die Paprikaschote mit dem Sparschäler dünn schälen, halbieren, putzen, waschen und in ca. 3 mm kleine Würfel schneiden. Chilischote längs halbieren, putzen, waschen und fein würfeln.

2 Linsen in einem Sieb waschen und abtropfen lassen. Das Öl erhitzen, Ingwer darin 1–2 Min. andünsten, Paprika- und Chiliwürfel zugeben und unter Rühren 2 Min. mitdünsten. Mit Currypulver bestäuben und unterrühren. Mit Kokoswasser ablöschen. Linsen zugeben, kurz aufkochen lassen und bei schwacher Hitze in ca. 20 Min. garen. Mango schälen, das Fruchtfleisch vom Stein schneiden, ca. 5 mm groß würfeln. Ca. 10 Min. vor dem Ende der Garzeit zu den Linsen geben und mitgaren.

3 Die Kokosraspel in einer Pfanne ohne Fett goldgelb rösten. Minze abbrausen und trocken tupfen, die Blättchen hacken. Linsen salzen, mit den Kokosraspeln und Minze bestreuen. Mit indischem Naanbrot oder Fladenbrot servieren.

GUT ZU WISSEN
Die unreife Mango schmeckt säuerlich frisch. Wer es etwas süßer mag, kann eine reife Mango nehmen.

Würzig-warm, süßlich scharf und ganz einfach

Wurzelgemüse mit Harissa-Dressing

1 kg Wurzelgemüse (z. B. Möhren, Pastinaken, Petersilienwurzeln, Knollensellerie)
2 1/2 EL Olivenöl
100 g Schalotten (nach Belieben)
Meersalz
schwarzer Pfeffer aus der Mühle
1 kleines Bund glatte Petersilie
20 g Pinienkerne | 3 EL Zitronensaft
1 EL Akazienhonig
1/2–1 TL Harissa

Für 2 Personen
20 Min. Zubereitung | 40 Min. Garzeit
Pro Portion ca. 350 kcal | 11 g EW | 19 g F | 35 g KH

1 Den Ofen auf 200° vorheizen. Eine ofenfeste Form (24 cm Ø) mit 1/2 EL Öl auspinseln. Das Gemüse putzen, schälen und in grobe Stücke teilen. Nach Belieben die Schalotten schälen und ganz lassen. Das Gemüse in die Form geben, salzen und pfeffern. Im Ofen (Mitte, Umluft 180°) in 30–40 Min. garen, dabei ab und zu wenden.

2 Inzwischen die Petersilie abbrausen und trocken tupfen, die Blättchen grob hacken. Die Pinienkerne in einer Pfanne ohne Fett goldgelb rösten. Den Zitronensaft mit Salz, Pfeffer, Honig und Harissa verrühren, das restliche Öl unterschlagen.

3 Das Gemüse aus dem Ofen nehmen, noch heiß mit dem Dressing mischen. Petersilie und Pinienkerne darüberstreuen. Mit Vollkorn-Baguette oder Landbrot servieren.

FÜR DEN ENERGIETYP:
Schalotten und Harissa weglassen.

Am Ball bleiben

Lassen Sie sich nicht von Ihrem Ziel abbringen. Und wenn Sie mal die

Übungspraxis vernachlässigt haben, suchen Sie nicht nach Entschuldigungen.

Bringen Sie Ihren Geist auf Trab – scharfes Essen macht ihm Beine!

Außen zart und innen knackig

Spitzkohl mit Dinkel-Walnuss-Füllung

2 Schalotten
10 g frischer Ingwer
4 TL Olivenöl
80 g Bio-Dinkel
400 ml Gemüsebrühe
1 kleiner Spitzkohl
Salz
1 Möhre (ca. 80 g)
1 Bund glatte Petersilie
30 g Walnusskerne
120 g Frischkäse (16 % Fett)
schwarzer Pfeffer aus der Mühle
1/2 TL Paprikapulver
1/4 TL Zimtpulver
Cayennepfeffer
4 kleine Holzspieße

Für 2 Personen
45 Min. Zubereitung | 25 Min. Garzeit
Pro Portion ca. 450 kcal | 14 g EW | 27 g F | 37 g KH

1 Schalotten und Ingwer schälen, beides fein würfeln. 2 TL Öl erhitzen, Schalotten darin glasig andünsten. Ingwer und Dinkel zugeben und kurz mitdünsten. Mit 200 ml Brühe ablöschen, aufkochen lassen und den Dinkel zugedeckt bei schwacher Hitze in 15–20 Min. bissfest garen.

2 Inzwischen 4 mittelgroße Blätter vom Kohl ablösen, den dicken Stielansatz herausschneiden. Die Kohlblätter in kochendem Salzwasser ca. 3 Min. blanchieren. Herausnehmen, kalt abschrecken und abtropfen lassen. Möhre putzen, schälen und fein reiben. Petersilie abbrausen und trocken tupfen, die Blättchen hacken. Die Walnusskerne in einer Pfanne ohne Fett rösten. Herausnehmen und grob hacken.

3 Den Ofen auf 200° (Umluft 180°) vorheizen. 80 g Frischkäse mit Salz, Pfeffer, Paprika- und Zimtpulver und Cayennepfeffer würzen. Mit Dinkel, Möhre und je drei Viertel von der Petersilie und den Walnüssen verrühren.

4 Die Kohlblätter auf der Arbeitsfläche ausbreiten, die Füllung in die Mitte der Blätter geben, die Seiten darüberlegen, aufrollen und jeweils mit einem Holzspießchen feststecken. Das restliche Öl in einem kleinen Bräter erhitzen, die Kohlrouladen darin rundum anbraten und übrige Brühe angießen. Im Ofen (Mitte) ca. 25 Min. backen.

5 Rouladen herausnehmen und anrichten. Restlichen Frischkäse in die Brühe rühren, abschmecken und über die Rouladen gießen. Mit Petersilie und Walnüssen bestreuen.

TIPP
Den übrigen Spitzkohl für Cole Slaw (S. 99) verwenden.

Aromenvielfalt ist hier garantiert

Hähnchenstreifen mit Apfel-Chicorée

350 g Hähnchenbrustfilet
1 EL Aceto balsamico
1 EL Ahornsirup
6 EL Apfelsaft
3 EL Olivenöl
Salz
schwarzer Pfeffer aus der Mühle
4 rote Chicoréestauden (ca. 300 g)
1 kleiner, roter Apfel (ca. 120 g)
4 Stängel Thymian

Für 2 Personen
1 Std. Zubereitung | 30 Min. Marinierzeit
Pro Portion ca. 410 kcal | 42 g EW | 17 g F | 23 g KH

1 Das Fleisch trocken tupfen, von Häutchen, Sehnen und Fett befreien und in 1 x 3 cm kleine Streifen schneiden. Essig, Ahornsirup und je 1 EL Apfelsaft und Öl mit Salz und Pfeffer verrühren. Mit dem Fleisch mischen und zugedeckt im Kühlschrank ca. 30 Min. marinieren.

2 Den Ofen auf 250° (Umluft 220°) vorheizen. Chicorée putzen, längs halbieren, den Strunk keilförmig herausschneiden. Apfel waschen, vierteln, entkernen und mit der Schale in schmale Spalten schneiden. Chicoréehälften in einer ofenfesten Form (24 cm Ø) nebeneinander verteilen, die Apfelspalten dazwischenstecken. Salzen und pfeffern und mit 1 EL Öl beträufeln. Im Ofen (Mitte) ca. 15 Min. backen.

3 Den Thymian abbrausen und trocken tupfen, die Blättchen abstreifen und hacken. Das Fleisch abtropfen lassen, dabei die Marinade auffangen. Übriges Öl erhitzen, das Fleisch darin unter Rühren kurz anbraten. Herausnehmen und auf dem Chicorée verteilen. Den Bratsatz mit der aufgefangenen Marinade und übrigem Apfelsaft ablöschen und über das Fleisch träufeln. Mit Thymian bestreuen.

TIPP
Dazu passt Gemüse-Couscous (S. 118)

Einfach ideal: Gemüse und mageres Fleisch

Hähnchen-Kürbis-Frikadellen (im Bild)

250 g Hähnchenbrustfilet ohne Haut
1/4 kleiner Hokkaido-Kürbis
(ca. 200 g Fruchtfleisch
80 g Vollkorntoast (oder Vollkorn-Ciabatta)
3 Schalotten
1 Bund glatte Petersilie
2 EL Öl
1 kleines Ei
Salz
schwarzer Pfeffer aus der Mühle
2–3 TL Masala für den Ruhetyp (S. 42)
1–2 EL Mehl

Für 2 Personen | 40 Min. Zubereitung
Pro Portion ca. 390 kcal | 37 g EW | 15 g F | 24 g KH

1 Das Fleisch trocken tupfen, von Häutchen, Sehnen und Fett befreien und im Blitzhacker zu Hackfleisch verarbeiten. Den Kürbis entkernen und mit der Schale mittelgrob raspeln. Das Brot im Blitzhacker zu Bröseln verarbeiten. Die Schalotten schälen und fein hacken. Die Petersilie abbrausen und trocken tupfen, die Blättchen hacken.

2 1/2 EL Öl erhitzen, die Schalotten darin glasig andünsten. Mit Kürbis, Brösel, Ei und Petersilie zum Fleisch geben und alles vermengen. Mit Salz, Pfeffer und Masala würzen.

3 Aus dem Teig 8–10 gleich große Frikadellen formen. Mit etwas Mehl bestäuben, überschüssiges Mehl abklopfen.

4 Das restliche Öl erhitzen, die Frikadellen darin bei mittlerer Hitze auf beiden Seiten in 6–8 Min. goldbraun braten.

TIPP
Dazu passt Couscous – Orangen-Zimt-Variante
(S. 118), Salat oder Raita nach Wahl (S. 101).

Muskatnuss und Thymian: ein echtes Traumpaar

Muskatnuss-Limetten-Hähnchenbrustfilets

2 Limetten, davon 1 Bio-Limette
1 EL Honig
1 EL Olivenöl
4 Stängel Zitronenthymian
1 Muskatnuss
Salz
schwarzer Pfeffer aus der Mühle
2 Hähnchenbrustfilets (à ca. 170 g; Bioqualität)
150 ml Hühnerbrühe
10 g eiskalte Butter
Cayennepfeffer

Für 2 Personen
50 Min. Zubereitung | 2 Std. Marinierzeit
Pro Portion ca. 300 kcal | 25 g EW | 11 g F | 9 g KH

1 Die Bio-Limette heiß waschen und abtrocknen. Die Schale mit dem Zestenreißer abziehen und beiseite legen. 2 EL Saft auspressen, mit dem Honig und 1/2 EL Öl verrühren. Zitronenthymian abbrausen und trocken tupfen, die Blättchen abstreifen und fein hacken. Etwa ein Drittel der Muskatnuss abreiben, mit Salz, Pfeffer und der Hälfte des Zitronenthymians mit der Marinade verrühren.

2 Hähnchenbrustfilets abspülen und trocken tupfen, von Häutchen, Fett und Sehnen befreien. Mit der Marinade einstreichen und zugedeckt mindestens 2 Std. im Kühlschrank marinieren, dabei gelegentlich wenden. Die Butter in Stückchen schneiden und ins Tiefkühlfach stellen.

3 Den Ofen auf 170° (Umluft 150°) vorheizen. Die Filets trocken tupfen. Restliches Öl erhitzen, die Filets darin in 4 Min. rundum goldbraun anbraten. In Alufolie wickeln und in eine ofenfeste Form (24 cm Ø) setzen. Im Ofen (Mitte) in 12–15 Min. fertig garen.

4 Den Bratsatz in der Pfanne mit der Brühe ablöschen und etwas einkochen lassen. Die eiskalte Butter unterschlagen, den restlichen Zitronenthymian zugeben. Mit Salz, Pfeffer, Cayennepfeffer und reichlich Muskatnuss würzen.

5 Die Filets aus dem Ofen nehmen, den Fleischsaft unter die Sauce rühren. Fleisch und Sauce anrichten. Mit den Limettenzesten bestreuen.

TIPP
Dazu passt gedämpfter Brokkoli oder Rosenkohl. Auch fein: Blumenkohl, gedünstete Möhren oder gedämpfter Blattspinat, Mangold oder Pak-Choi.

Jeder Versuch zählt

Wenn Sie Fische angeln wollten, bräuchten Sie viel Geduld, ohne gleich enttäuscht zu sein. Geduld brauchen Sie auch für die Yogapraxis. Üben Sie, ohne gleich große Erfolge zu erwarten! Diese kommen eher unbemerkt.

Ein Mix aus mediterranen und asiatischen Einflüssen

Rotbarbenfilets mit Papaya-Chili-Salsa

1 rote Chilischote
2 Frühlingszwiebeln
2 Bio-Limetten
3 EL Olivenöl
1 EL helle Sojasauce
1 TL Sesamöl
2 TL Zucker
Salz
schwarzer Pfeffer aus der Mühle
1 reife Papaya (ca. 400 g)
300 g Rotbarbenfilets

Für 2 Personen | 35 Min. Zubereitung
Pro Portion ca. 370 kcal | 29 g EW | 23 g F | 13 g KH

1 Chilischote längs halbieren, putzen, waschen und fein würfeln. Die Frühlingszwiebeln putzen und waschen, das Weiße fein würfeln, das Grüne längs in hauchdünne Streifchen schneiden. Die Limetten heiß waschen und abtrocknen. Von 1 Limette die Schale abreiben und 3 EL Saft auspressen. Restliche Limette in dünne Scheibchen schneiden.

2 Für das Dressing die Hälfte vom Öl mit Limettenschale und Limettensaft, Sojasauce, Sesamöl, Zucker, Salz und Pfeffer verrühren.

3 Die Papaya schälen, halbieren, entkernen und sehr fein würfeln. Sofort mit dem Dressing beträufeln. Chili und das Weiße der Frühlingszwiebeln untermischen.

4 Die Rotbarbenfilets salzen und pfeffern. Das restliche Öl erhitzen, die Filets darin auf der Hautseite in 3–4 Min. knusprig braten. Die Pfanne vom Herd nehmen, die Filets auf die Fleischseite drehen und ca. 1 Min. ziehen lassen. Die Fischfilets sollten noch etwas glasig sein.

5 Die Rotbarbenfilets mit Papaya-Chili-Salsa und Limettenscheiben anrichten und mit dem Frühlingszwiebelgrün bestreuen.

Frisch, feurig, frech

Thunfisch mit Zitrus-Kapern-Vinaigrette (im Bild)

1 Bio-Zitrone
1 Bio-Orange
1/2 Bund glatte Petersilie
2 Soft-Trockenaprikosen
100 ml Gemüsebrühe
2 EL Olivenöl
1 TL Ahornsirup
2 TL Salzkapern
1 TL grüne Pfefferkörner
25 g Pistazienkerne
350 g Thunfischfilet (Sushi-Qualität)

Für 2 Personen | 25 Min. Zubereitung
Pro Portion ca. 515 kcal | 31 g EW | 36 g F | 16 g KH

1 Zitrone und Orange heiß waschen und abtrocknen. Je 2 TL Schale abreiben, 1 EL Zitronensaft und den ganzen Orangensaft auspressen. Die Petersilie abbrausen und trocken tupfen, die Blättchen hacken. Die Aprikosen sehr klein hacken.

2 Brühe und Orangensaft aufkochen und auf die Hälfte einkochen lassen. Inzwischen das Öl mit Zitronensaft und Ahornsirup verrühren, Salzkapern, Zitronen- und Orangenschale und Aprikosen untermischen. Die Mischung unter die heiße Brühe rühren, nicht mehr kochen lassen.

3 Pfefferkörner im Mörser zerdrücken. Pistazien hacken und mit dem Pfeffer mischen. Thunfisch trocken tupfen und in der Pistazien-Pfeffermischung wenden. In einer beschichteten Pfanne ohne Fett bei mittlerer bis starker Hitze von jeder Seite 1–1 1/2 Min. rösten. Herausnehmen und quer in Scheiben schneiden.

4 Die Vinaigrette mit Petersilie verrühren und mit dem Thunfisch und gedünsteten Bohnen anrichten.

TIPP
Die Vinaigrette passt auch sehr gut zu einem Salat aus Rucola und Avocado.

Asiatisch-leicht und ganz zart

Gedämpfter Lachs auf Streichholzgemüse

200 g Möhren
200 g Fenchel
200 g Pak-Choi
200 g Lachsfilet
200 g Pangasiusfilet
Salz
grüner Pfeffer aus der Mühle
200 ml Fischfond
100 ml Weißwein
20 g Butter
2 TL Wasabipaste
1–2 EL helle Sojasauce
1–2 TL Algenflakes

Für 2 Personen | 25 Min. Zubereitung
Pro Portion ca. 580 kcal | 50 g EW | 26 g F | 17 g KH

1 Möhren putzen, schälen und in streichholzgroße Stifte hobeln. Fenchel putzen, waschen, in feine Scheiben hobeln und diese in Stifte schneiden. Pak-Choi waschen, die grünen Blätter in mundgerechte Stücke zupfen, die weißen Stiele in schmale Streifen schneiden. Gemüse in einen Dämpfkorb legen.

2 Die Fischfilets eventuell von Gräten befreien und in jeweils 4 Stücke teilen, salzen und pfeffern.

3 Fond mit Weißwein im Wok aufkochen lassen. Dämpfkorb einsetzen und das Gemüse 2–3 Min. dämpfen. Die Fischstücke auf dem Gemüse verteilen, Butter in Flöckchen darübergeben, den Deckel schließen und weitere 5–7 Min. dämpfen.

4 Den Dämpfkorb aus dem Wok nehmen. Den Sud etwas einkochen lassen, mit Wasabipaste, Sojasauce, Salz und Pfeffer würzen. Gemüse und Fisch auf vorgewärmten Tellern verteilen, den Sud darübergießen. Mit Algenflakes bestreuen. Dazu passen Salzkartoffeln.

Erfrischend herb, minzig-frisch und samtig-süß

Grapefruitfilets
mit Datteln (im Bild)

3 kleine oder 2 große Pink Grapefruit (ca. 700 g)
4 TL Traubenzucker (oder Puderzucker)
1–2 Msp. gemahlener Kardamom
3 Stängel Minze
60 g Datteln

Für 2 Personen | 25 Min. Zubereitung
Pro Portion ca. 230 kcal | 3 g EW | 1 g F | 52 g KH

1 Die Grapefruits samt weißer Haut schälen und mit einem scharfen Messer die Filets zwischen den Trennwänden herauslösen, dabei den Saft auffangen und beiseite stellen. Die Hälfte des Traubenzuckers mit dem Kardamom mischen, die Grapefruitfilets damit bestreuen und in den Kühlschrank stellen.

2 Die Minze abbrausen und trocken tupfen, einige Blättchen ganz lassen, den Rest sehr fein hacken und mit dem aufgefangenen Grapefruitsaft und dem restlichen Traubenzucker mischen. Die Datteln entkernen und in feine Streifen schneiden.

3 Die Grapefruitfilets anrichten. Die Minzemischung darübergeben, mit den Dattelstreifen bestreuen und mit den übrigen Minzeblättchen dekorieren.

TIPP
Mit etwas Frischer Masala (S. 42) würzen.

FÜR DEN ENERGIETYP:
Die Grapefruits durch süße Orangen ersetzen, statt mit Kardamom mit Zimtpulver würzen.

Erfrischend und leicht – das perfekte Sommerdessert

Melone mit
Kardamom-Frischkäse

1 kleine reife Galiamelone (ca. 400 g Fruchtfleisch)
1 Bio-Orange
1 Bio-Zitrone
1 Bio-Limette
1 EL brauner Zucker
150 g Frischkäse (16 % Fett)
1/4 TL gemahlener Kardamom
2 Stängel Zitronenmelisse

Für 2 Personen
20 Min. Zubereitung | 1 Std. Marinierzeit
Pro Portion ca. 300 kcal | 8 g EW | 13 g F | 39 g KH

1 Die Melone halbieren, mit einem Löffel von den Kernen befreien, in Spalten schneiden, die Spalten schälen und in mundgerechte Stücke schneiden.

2 Die Zitrusfrüchte heiß waschen und abtrocknen. Jeweils etwa 1/2 TL Schale abreiben, 4 EL Orangensaft und je 1 EL Zitronen- und Limettensaft auspressen. Die Zitrussäfte mit dem Zucker verrühren und unter die Melonenstücke mischen. Zugedeckt im Kühlschrank ca. 1 Std. marinieren, dabei ab und zu vorsichtig umrühren.

3 Den Frischkäse mit so viel Marinade glatt rühren, dass eine lockere Creme entsteht. Mit den Zitrusschalen und dem Kardamom würzen.

4 Zitronenmelisse abbrausen und trocken tupfen, die Blättchen abzupfen. Die Kardamomcreme mit der Melone anrichten, mit den Melisseblättchen dekorieren.

Erfrischend, einfach und supergesund

Schneller Apfelquark

250 g Magerquark
75 ml Apfelsaft
3 EL Apfeldicksaft (oder Ahornsirup)
1/4 TL gemahlener Kardamom (oder Frische Masala, S. 42)
2 säuerliche Äpfel (z. B. Boskop, ca. 150 g)
2 Stängel Minze

Für 2 Personen | 10 Min. Zubereitung
Pro Portion ca. 270 kcal | 17 g EW | 1 g F | 48 g KH

1 Den Quark mit dem Apfelsaft und der Hälfte des Apfeldicksaftes glatt rühren, mit Kardamom würzen.

2 Die Äpfel waschen, mit der Schale grob raspeln und sofort unter den Quark rühren. Restlichen Apfeldicksaft darüberträufeln.

3 Die Minze abbrausen und trocken tupfen, die Blättchen grob hacken und darüberstreuen.

TIPP
Nach Belieben mit Sultaninen oder gehackten Nüssen bestreuen.

FÜR DEN ENERGIETYP:
Magerquark durch Sahne-quark ersetzen. Apfelraspel kurz in Ghee dünsten. Heiß mit Quark anrichten.

Erfrischend-leicht und feurig-würzig

Orangensalat mit Muskatnuss-Chili-Joghurt

3 Orangen, davon 1 Bio-Orange (ca. 700 g)
300 g Joghurt (3,5 % Fett)
2 TL Akazienhonig
2 Msp. Cayennepfeffer
1 Prise Salz
Muskatnuss, frisch gerieben

Für 2 Personen | 15 Min. Zubereitung
Pro Portion ca. 250 kcal | 7 g EW | 6 g F | 44 g KH

1 Die Bio-Orange heiß waschen und abtrocknen, 2 TL Schale abreiben. Die Orangen samt weißer Haut schälen, längs halbieren und aus den Mitten das Weiße entfernen, die Hälften in dünne Halbscheiben schneiden und auf zwei Tellern anrichten.

2 Joghurt mit der Hälfte der Orangenschale und dem Honig verrühren, mit Cayennepfeffer, Salz und Muskatnuss scharf-pikant abschmecken.

3 Den Joghurt über die Orangen geben, etwas Muskatnuss darüberreiben und mit der restlichen Orangenschale bestreuen.

FÜR DEN ENERGIETYP:
Den Cayennepfeffer weglassen und die Muskatnuss durch Zimtpulver ersetzen.

Die Yogapraxis kultivieren

So wie aus einem schönen, schwarz-glänzenden Papayakern langsam ein großer Baum wird, der köstliche Früchte trägt, so werden auch Sie eines Tages in der Yogapraxis durch ausdauerndes Üben Ihre Früchte ernten können.

Herrlich frisch und schön scharf

Papayasalat mit Minze und grünem Pfeffer

1–2 reife Papayas (ca. 400 g Fruchtfleisch)
2 Limetten, davon 1 Bio-Limette
1 EL Akazienhonig
1/2 TL grüner Pfeffer, frisch gemahlen
1 Msp. gemahlene Vanille
4 Stängel Minze

Für 2 Personen
20 Min. Zubereitung | 1 Std. Marinierzeit
Pro Portion ca. 60 kcal | 1 g EW | 1 g F | 15 g KH

1 Die Papayas schälen, halbieren, mit einem Löffel die Kerne herauskratzen, das Fruchtfleisch würfeln. Die Bio-Limette heiß waschen und abtrocknen, die Schale abreiben. Von beiden Limetten etwa 3 EL Saft auspressen.

2 Den Limettensaft mit Honig, Pfeffer und Vanille mischen. Die Papaya mit der Limettenmarinade mischen und zugedeckt mindestens 1 Std. in den Kühlschrank stellen, dabei ab und zu vorsichtig umrühren.

3 Die Minze abbrausen und trocken tupfen, einige kleine Blättchen beiseitelegen. Den Rest fein hacken und unter die Papayawürfel mischen. Anrichten und mit den beiseitegelegten Minzeblättchen dekorieren.

TIPP
Mit Limettensorbet servieren.

FÜR DEN ENERGIETYP:
Den Papayasalat mit Vanilleeis oder Panna cotta servieren.

Eine schnelle Beilage, die sich kalt auch als Salat gut macht

Gemüse-Couscous

1 Schalotte
1 Stange Staudensellerie
1 kleiner Zucchino (ca. 100 g)
1/2 Bund glatte Petersilie
150 ml Gemüsebrühe
80 g Instant-Couscous
1 Msp. gemahlener Kurkuma
Salz
schwarzer Pfeffer aus der Mühle
2 TL Olivenöl

Für 2 Personen | 25 Min. Zubereitung
Pro Portion ca. 200 kcal | 6 g EW | 6 g F | 30 g KH

1 Die Schalotte schälen und fein würfeln. Den Staudensellerie waschen, putzen und klein würfeln. Den Zucchino waschen, putzen und in kleine Würfel schneiden. Die Petersilie abbrausen und trocken tupfen, die Blättchen hacken.

2 Die Brühe erhitzen. Den Couscous mit Kurkuma, Salz und Pfeffer mischen. Mit der heißen Brühe begießen, umrühren und den Couscous zugedeckt ca. 7 Min. quellen lassen.

3 Inzwischen das Öl erhitzen, die Schalotte darin glasig dünsten. Den Staudensellerie zugeben und unter Rühren 2–3 Min. mitdünsten. Die Zucchiniwürfel zugeben und alles weitere 2–3 Min. dünsten. Den Couscous mit Gemüse mischen und mit der Petersilie bestreuen.

ORANGEN-ZIMT-VARIANTE
Die Hälfte der Brühe durch Orangensaft ersetzen. Statt Zucchini grob geraspelte Möhren andünsten, den Couscous mit 1–2 Msp. Zimtpulver und 1 TL abgeriebener Orangenschale würzen, 20 g geröstete Mandelstifte und 30 g Rosinen unterheben.

ZITRONEN-PISTAZIEN-VARIANTE
Couscous mit 1 TL abgeriebener Zitronenschale und grünem Pfeffer würzen. 25 g gehackte Pistazien, 2 TL gehackter Dill und 1 gehackte grüne Chilischote untermischen.

CURRY-KORIANDER-VARIANTE
Couscous mit 1/2–1 TL Currypulver würzen und mit 150 g geschmorter Aubergine und 20 g gerösteten und gehackten Cashewkernen mischen. Mit 1/2 Bund gehacktem Koriandergrün bestreuen.

TIPP
So wird aus jedem Couscous ein leckerer Salat: Den gegarten Couscous einfach abkühlen lassen und mit einer Raita nach Wahl (S.101) mischen. Den Couscous-Salat abdecken und im Kühlschrank 30 Min. durchziehen lassen.

Auch was Kleines nährt

Unter den Nahrungsmitteln sind die winzigen Linsen mit ihren nährenden

Anteilen wahre Meister. In der Yogapraxis sind es die Übungen, die uns mit

allem nähren. Die Würze ist aber unsere Freude und Hingabe dabei.

Einfach, preiswert und gesund

Kurkuma-Dal

2 Schalotten
20 g frischer Ingwer
2 Stangen Staudensellerie
125 g rote Linsen
150 ml Gemüsebrühe
1 EL Öl
1/2 TL Cuminsamen
1/2 TL gemahlener Kurkuma
Salz
schwarzer Pfeffer aus der Mühle
1/4 TL Cayennepfeffer

Für 2 Personen | 25 Min. Zubereitung
Pro Portion ca. 270 kcal | 16 g EW | 17 g F | 37 g KH

1 Schalotten und Ingwer schälen, beides fein würfeln. Den Staudensellerie waschen, putzen und in sehr kleine Würfel schneiden. Die Linsen in ein Sieb geben, abbrausen und abtropfen lassen.

2 Die Brühe erhitzen. Das Öl erhitzen, Cuminsamen darin anrösten, bis er duftet. Schalotten dazugeben und glasig andünsten. Ingwer und Staudensellerie dazugeben und unter Rühren 2–3 Min. mitdünsten. Die Linsen zufügen und mit der Brühe ablöschen. Mit Kurkuma würzen und alles 15–20 Min. bei schwacher Hitze köcheln lassen, bis die Linsen weich sind. Mit Salz, Pfeffer und Cayennepfeffer abschmecken.

WÜRZVARIANTEN
Mit Currypulver oder einer Masala für den Ruhetyp (S. 42) würzen.

FRUCHTIGE VARIANTE
Den Staudensellerie durch 1 klein gewürfelten säuerlichen Apfel ersetzen, z. B. Boskop.

GEMÜSIGE VARIANTE
Den Staudensellerie durch 1/2 gewürfelte rote Paprikaschote ersetzen.

TIPP
Schmeckt nicht nur als Beilage, sondern auch als Hauptgericht mit einer Raita nach Wahl (S. 101).

REZEPTE FÜR DIE MEDITATION

Sie haben Ihre Balance gefunden? Sie sind ausgeglichen oder haben Übungen entdeckt, die Sie auch bei Belastungen zu Ihrer inneren Ruhe zurückbringen? Für Sie haben wir eine kleine Auswahl feiner Gerichte entwickelt, die Ihnen genug Kraft zum Üben geben und Sie dennoch nicht belasten.

*Safrangelber Milchreis garantiert
gute Morgenlaune*

Safran-Milchreis

*600 ml Milch (3,5 % Fett)
1 Prise Salz
100 g Milchreis (Rundkornreis)
1 Msp. Safranfäden
20 g grüne, geschälte Pistazienkerne
2 EL Akazienhonig*

**Für 2 Personen | 45 Min. Zubereitung
Pro Portion ca. 490 kcal | 16 g EW | 16 g F | 71 g KH**

1 Die Milch mit dem Salz zum Kochen bringen.
Den Reis einstreuen und offen bei schwacher Hitze
in 30–35 Min. mehr quellen als kochen lassen, dabei
öfter umrühren.

2 Die Safranfäden im Mörser zerreiben, mit 2 EL
warmem Wasser verrühren und 10 Min. ziehen
lassen. Den Safran nach der Hälfte der Garzeit unter
den Reis mischen.

3 Die Pistazienkerne grob hacken. Den Honig
unter den Milchreis rühren. Den Milchreis
anrichten und mit Pistazienkernen bestreuen.

*TIPP
Zum Verfeinern nach Belieben etwas Sahne, Rosinen
oder geschmolzene Butter dazugeben. Oder Apfelmus
mit Zimt, in Butter gebratene Bananen oder Mangopüree dazu servieren.*

Karamellig-süß, nussig und sahnig

Gerösteter Haferbrei

*100 g zarte Haferflocken
400 ml Milch (3,5 % Fett)
1 Prise Salz
4 EL brauner Zucker
2 EL Ghee
100 ml Hafersahne*

**Für 2 Personen | 25 Min. Zubereitung
Pro Portion ca. 600 kcal | 14 g EW | 29 g F | 69 g KH**

1 Die Haferflocken in einer Pfanne ohne Fett unter
Rühren 4–5 Min. rösten, bis sie nussig duften.
Abkühlen lassen und im Blitzhacker zu Mehl ver-
arbeiten. Die Milch mit Salz in einem Topf zum
Kochen bringen.

2 In einem zweiten Topf die Hälfte des Zuckers
schmelzen lassen. Das Ghee zugeben und nach und
nach die heiße Milch zugießen, bis sich der
zunächst harte Karamell löst. Das Hafermehl einstreuen und unter Rühren bei schwacher Hitze
köcheln lassen, bis ein leicht dicklicher Brei entsteht. Die Hafersahne unterrühren und in Portions-
schüsseln anrichten.

3 Den restlichen Zucker schmelzen lassen und
über den Haferbrei träufeln.

Vom wahren Wesenskern

Yogameister sagen, dass der wahre Wesenskern in uns verborgen ist wie der Same in einer Frucht. Übungspraxis und Meditation schaffen die Bedingungen, die es uns erlauben, unsere innere Natur zu entfalten und sie in die Welt zu tragen.

Passt zum Frühstück wie zum Nachmittagstee

Bananen-Walnuss-Brot

60 g Walnusskerne
1 1/2 EL brauner Zucker
3 reife Bananen (ca. 300 g Fruchtfleisch)
150 g Akazienhonig
1 Bio-Zitrone
250 g Dinkel-Vollkornmehl
1 TL Backpulver
3/4 TL Salz
1/2 TL gemahlene Vanille
2 EL Walnussöl
Backpapier
Öl für die Form

Für 2 Personen
20 Min. Zubereitung | 1 Std. 15 Min. Backzeit
Pro Portion ca. 530 kcal | 11 g EW | 16 g F | 90 g KH

1 Den Ofen auf 180° vorheizen. Eine Kastenform (24 x 10,5 cm) mit Öl auspinseln. Die Walnusskerne grob hacken und in einer Pfanne ohne Fett unter Rühren rösten. Mit dem Zucker bestreuen und weiterrühren, bis der Zucker geschmolzen ist und die Walnüsse rundum karamellisiert sind. Die karamellisierten Nüsse auf ein Stück Backpapier geben und abkühlen lassen.

2 Die Bananen schälen und mit dem Pürierstab fein pürieren. Den Honig zugeben und noch einmal durchmixen. Die Zitrone heiß waschen und abtrocknen, die Schale abreiben und unter das Bananenpüree rühren.

3 Das Mehl mit Backpulver, Salz und Vanillepulver mischen und durchsieben, mit der Bananenmischung verrühren. Das Öl und die karamellisierten Nüsse untermischen. Den Teig in die Form einfüllen. Im Ofen (Mitte, Umluft 160°) in 1 Std. 15 Min. backen. Herausnehmen und ca. 10 Min. ruhen lassen. Das Brot aus der Form nehmen und auf einem Gitter auskühlen lassen.

TIPP
Es schmeckt am besten mit: Frischkäse und Quittengelee, Crème fraîche und Erdbeermarmelade, Ziegenfrischkäse, Nussmus und Akazienhonig.

Ingwerscharfe Möhren verlieben sich in sanfte Kartoffeln

Sesam-Möhren-Kartoffelpüree

500 g Bio-Möhren
500 g mehlig kochende Kartoffeln
Salz
1 EL Ghee
2 TL brauner Zucker
150 ml Gemüsebrühe
20 g frischer Ingwer
1/2 Bund glatte Petersilie
1 EL Sesamsamen
170 ml Milch
1 EL Butter
schwarzer Pfeffer aus der Mühle

Für 2 Personen | 45 Min. Zubereitung
Pro Portion ca. 400 kcal | 12 g EW | 15 g F | 62 g KH

1 Die Möhren putzen, schälen und in Stücke schneiden. Die Kartoffeln schälen und ebenfalls in Stücke schneiden. Mit Salzwasser bedeckt in ca. 20 Min. garen. Ghee erhitzen, die Möhren darin 2–3 Min. andünsten, mit Zucker bestreuen und unter Rühren weiterdünsten, bis der Zucker geschmolzen ist. Mit der Brühe ablöschen und ca. 20–25 Min. köcheln lassen.

2 Inzwischen den Ingwer schälen und fein reiben. Die Petersilie abbrausen und trocken tupfen, die Blätter fein hacken. Die Sesamsamen in einer Pfanne ohne Fett rösten, bis sie duften.

3 Die Kartoffeln ausdampfen lassen und durch die Presse drücken. Die Milch erhitzen und mit der Butter unterschlagen. Das Püree warm halten. Die Möhren pürieren, mit Ingwer, Salz und Pfeffer würzen. Sesamsamen und Petersilie untermischen.

4 Das Kartoffelpüree in eine vorgewärmte runde, eher flache Schüssel geben. Mit dem Löffel von der Mitte aus spiralförmig eine Vertiefung hineindrücken. In die Vertiefung das Möhrenpüree geben und locker verteilen.

Süß, sahnig, safranwürzig – einfach himmlisch

Süßkartoffelgratin (im Bild)

1/4 TL Safranfäden
600 g orangefarbene Süßkartoffeln
150 g mittelalter Gouda Käse
(oder Cheddar Käse)
200 g Sahne
Salz
schwarzer Pfeffer aus der Mühle
Butter für die Form

Für 2 Personen
20 Min. Zubereitung | 40 Min. Backzeit
Pro Portion ca. 890 kcal | 24 g EW | 54 g F | 76 g KH

1 Den Ofen auf 180° vorheizen. Eine ofenfeste Form (24 cm Ø) mit Butter ausfetten. Die Safranfäden im Mörser zerreiben, mit 1–2 EL warmen Wasser mischen und ca. 10 Min. ziehen lassen.

2 Die Süßkartoffeln schälen und auf einem Hobel in hauchdünne Scheiben hobeln. Den Käse reiben und ein Drittel beiseitestellen. Die Safranflüssigkeit mit der Sahne verrühren.

3 Die Süßkartoffeln in die Form schichten, dabei jede Schicht salzen und pfeffern, jeweils etwas Safransahne und Käse darübergeben, bis alles eingeschichtet ist. Das Gratin mit Alufolie abdecken und im Ofen (Mitte, Umluft 160°) ca. 30 Min. backen. Wenn die Süßkartoffeln nahezu weich sind, die Folie entfernen und den restlichen Käse über den Süßkartoffeln verteilen und in weiteren 10–12 Min. goldgelb überbacken.

TIPP
Dazu passt Blattspinat, Tomatensalat oder grüner Salat mit Crème-fraîche-Dressing.

Fruchtig-frisch und samtig

Kürbis-Papaya-Suppe

*1 kleiner Hokkaido-Kürbis
(ca. 400 g Fruchtfleisch)
300 ml Gemüsebrühe
1 EL Ghee
1 EL Zucker
1 Papaya (ca. 200 g Fruchtfleisch)
15 g frischer Ingwer
200 ml Kokosmilch (aus der Dose)
1/2 TL gemahlener Kardamom
Salz
schwarzer Pfeffer aus der Mühle*

Für 2 Personen | 35 Min. Zubereitung
Pro Portion ca. 170 kcal | 3 g EW | 6 g F | 26 g KH

1 Den Kürbis halbieren, entkernen und in Stücke schneiden. Die Brühe erhitzen. Das Ghee erhitzen, das Kürbisfleisch darin ca. 2 Min. anbraten. Mit Zucker bestreuen und unter Rühren in 2–3 Min. karamellisieren lassen, mit 150 ml Brühe ablöschen. Zugedeckt bei schwacher Hitze in ca. 20 Min. garen.

2 Inzwischen die Papaya halbieren und entkernen. Die Hälften schälen und das Fruchtfleisch würfeln. Den Ingwer schälen und fein reiben. Von der Kokosmilch 2 EL von der dicken Sahne abnehmen und beiseitestellen.

3 Den Kürbis mit dem Pürierstab fein pürieren. Papaya und Kokosmilch zugeben und noch mal pürieren. So viel von der restlichen Brühe zugeben, bis die gewünschte Konsistenz erreicht ist. Die Suppe erhitzen, aber nicht mehr kochen lassen. Mit Ingwer, Kardamom, Salz und Pfeffer abschmecken.

4 Die Suppe anrichten und je 1 EL von der beiseitegestellten Kokossahne einrühren.

Sanft-nussig und mild-würzig

Quinoa-Auberginen-Auflauf

*150 g Quinoa
1/2 l Gemüsebrühe
60 g Parmesan (oder Pecorino Käse)
400 g Auberginen | Salz
100 g Sojasahne
Kräutersalz
2 TL Mild-pikante Masala (S. 43)
schwarzer Pfeffer aus der Mühle
30 g Butter
Butter für die Form*

Für 2 Personen | 30 Min. Zubereitung
Pro Portion ca. 620 kcal | 26 g EW | 34 g F | 52 g KH

1 Quinoa in einem Sieb mit heißem Wasser gründlich abspülen (das ist wichtig, um Bitterstoffe zu entfernen). Die Brühe aufkochen lassen. Quinoa zugeben und zugedeckt in ca. 20 Min. garen, bis die Flüssigkeit aufgesogen ist.

2 Inzwischen den Käse reiben. Die Auberginen waschen, putzen und quer in ca. 2 cm dicke Scheiben schneiden. In reichlich kochendem Salzwasser ca. 3 Min. blanchieren. Auberginen in ein Sieb abgießen und abtropfen lassen.

3 Den Ofen auf 200° (Umluft 180°) vorheizen. Eine flache ofenfeste Form (24 cm Ø) mit wenig Butter ausfetten. Quinoa mit der Sojasahne und der Hälfte Käse mischen. Mit Kräutersalz, Masala und Pfeffer würzen.

4 Die Hälfte der Quinoamasse in die Form streichen, darauf die Auberginenscheiben verteilen und darüber die restliche Quinoamasse streichen. Mit dem übrigen Käse und der Butter in kleinen Flöckchen bestreuen. Im Ofen (Mitte) in ca. 20 Min. überbacken, bis die Oberfläche goldgelb ist und gerade anfängt zu bräunen.

TIPP
Dazu schmecken Tomatenscheiben oder halbierte Kirschtomaten.

Die Fülle des Seins schmecken

So wie ein Sonnenblumenkern die vielen Sonnenstunden des Sommers in sich trägt, so trägt die Meditation die Fülle des Lebens in sich. Wir müssen nur lernen, sie wahrzunehmen und sie in jedem Sonnenblumenkern zu schmecken.

Nussig, würzig und angenehm kernig

Nudeln mit Sonnenblumenkern-Sauce

200 g Vollkornnudeln (z. B. Dinkel-
oder Hirsenudeln)
Salz
70 g Sonnenblumenkerne
250 g Möhren
1/2 Bund glatte Petersilie
1/4 l Gemüsebrühe
2 EL Ghee
1 TL Honig
2 EL helle Sojasauce
1–2 TL Zitronensaft
schwarzer Pfeffer aus der Mühle

Für 2 Personen | 25 Min. Zubereitung
Pro Portion ca. 700 kcal | 25 g EW | 31 g F | 82 g KH

1 Die Nudeln in reichlich kochendem Salzwasser nach Packungsangabe bissfest garen.

2 Inzwischen die Sonnenblumenkerne in einer Pfanne ohne Fett rösten. 1 EL beiseitestellen, den Rest im Blitzhacker fein mahlen. Die Möhren putzen und schälen, erst längs in 2–3 mm dünne Scheiben, dann in Streifen und kleine Würfel schneiden. Die Petersilie abbrausen und trocken tupfen, die Blättchen hacken.

3 Die Brühe erhitzen. Das Ghee erhitzen, die Möhrenwürfel darin unter Rühren 1–2 Min. anbraten, den Honig zugeben und untermischen. Die gemahlenen Sonnenblumenkerne dazugeben und unter Rühren kurz anrösten. Mit der Brühe ablöschen und bei schwacher Hitze 4–5 Min. köcheln lassen, bis die Sauce sämig ist und die Möhren bissfest sind. Mit Sojasauce, Zitronensaft und Pfeffer würzen. Die Nudeln abgießen und abtropfen lassen. Mit der Sauce anrichten und mit Petersilie bestreuen.

GEMÜSE-VARIANTEN
Die Möhren durch Zucchini oder Kürbisfleisch, z. B. Hokkaido-Kürbis, ersetzen.

GESCHMACKS-VARIANTEN
Die Hälfte der Brühe durch Sahne ersetzen. Dann statt mit Sojasauce mit Kräutersalz würzen und zusätzlich gehobelten Pecorino Käse über die Nudeln streuen.

NUSS-VARIANTE
Walnusskerne oder geröstete Pinienkerne anstelle der Sonnenblumenkerne mahlen.

Herbstlich-sanfter Genuss

Maronen-Apfel-Dessert

200 g vorgegarte Maronen (vakuumverpackt)
300 ml Apfelsaft
100 g milder Ziegenfrischkäse
2 EL Ahornsirup
350 g Äpfel
1 EL Ghee
1 1/2 EL brauner Zucker
2 EL Sultaninen
1 TL Mild-pikante Masala (S. 43)

Für 2 Personen | 30 Min. Zubereitung
Pro Portion ca. 710 kcal | 15 g EW | 18 g F | 122 g KH

1 Die Maronen mit dem Apfelsaft zum Kochen bringen und zugedeckt in 20–25 Min. garen.

2 Inzwischen den Frischkäse mit dem Ahornsirup glatt rühren und beiseitestellen. Die Äpfel schälen, vierteln, entkernen und in Stücke schneiden. Das Ghee erhitzen, die Apfelstücke dazugeben und ca. 7 Min. braten, bis sie weich sind. Mit dem Zucker bestreuen und unter Rühren weiterbraten, bis der Zucker geschmolzen ist und die Äpfel rundum karamellisiert sind. Die Sultaninen dazugeben und untermischen. Die karamellisierten Äpfel mit Masala bestäuben und warm halten.

3 Die Maronen in ein Sieb abgießen, dabei den Kochsud auffangen. Die Maronen erst mit der Gabel zerdrücken, dann mit dem Pürierstab pürieren, dabei nach und nach den Sud zugeben, bis die gewünschte Konsistenz erreicht ist.

4 Das Maronenpüree mit den warmen Äpfeln anrichten und je 1 Klecks Frischkäse daraufsetzen.

Optisch kontrastreich, geschmacklich harmonisch

Avocado-Himbeer-Creme (im Bild)

250 g Himbeeren
4 EL Traubenzucker
2 Stängel Zitronenmelisse
1 reife Avocado (ca. 250 g)
2 EL Limettensaft
1 1/2 EL Agavendicksaft
1/4 TL gemahlene Vanille
70 g Sahne

Für 2 Personen | 15 Min. Zubereitung
Pro Portion ca. 570 kcal | 5 g EW | 41 g F | 46 g KH

1 Die Himbeeren verlesen, 10–12 Beeren ganz lassen und beiseitelegen. Den Rest pürieren und das Püree durch ein Haarsieb streichen. 2 EL Traubenzucker untermischen und das Himbeerpüree kalt stellen. Die Zitronenmelisse abbrausen und trocken tupfen, die Blättchen abzupfen.

2 Die Avocado halbieren und entkernen. Das Fruchtfleisch mit einem Löffel herauslösen und mit dem Limettensaft pürieren. Agavendicksaft und Vanille untermischen. Die Sahne steif schlagen und unter das Avocadopüree heben.

3 Das Avocadopüree mit der Himbeersauce auf Desserttellern anrichten, mit den übrigen Himbeeren und Zitronenmelisse dekorieren.

WIE PASST DIE YOGA-ERNÄHRUNG IN DEN ALLTAG?

Den modernen Alltag erlebt jeder anders, meist hat er aber mit viel Hektik und Stress zu tun. Für den Single heißt das vielleicht: Job und/oder Studium meistern, sich selbst versorgen, kleine Portionen einkaufen und kochen. Für berufstätige Paare bedeutet es, zwei vielleicht ganz unterschiedliche Tagesabläufe, Arbeitszeiten und Essgewohnheiten zu koordinieren. Und für Eltern, die Kinder zwischen Baby- und Teenageralter versorgen und dazu noch berufstätig sind, müssen die Tagesabläufe perfekt organisiert sein, um nicht im Dauerstress zu enden.

Regelmäßige Yoga-Übungen sind daher das ideale Mittel, mit den Belastungen und den Anforderungen im Alltag fertig zu werden und gleichzeitig Stress abzubauen.

Da die Ernährung die Yogapraxis unterstützen soll, darf die passende Ernährung nicht zum Problem werden, sondern sollte leicht in den Alltag integriert werden können und zu Gesundheit, Entspannung und Genuss beitragen.

Die Rezepte in diesem Buch bieten zahlreiche Extratipps und Varianten und so viele Möglichkeiten, dass jeder darunter »seine« Rezepte finden wird.

Mit kleinem Budget kochen

Preiswert und dabei richtig gesund kochen? Ja, das geht: Viele der Rezepte in diesem Buch berücksichtigen die Tatsache, dass immer mehr Menschen knapp kalkulieren müssen. Wir haben viele Zutaten eingesetzt, die selbst in Bioqualität günstig zu bekommen sind, wie Äpfel, Kartoffeln, Möhren, Reis und Hülsenfrüchte. »Raffiniert«, aber nicht teuer sind dabei oft nur die Gewürze oder die Kombination unterschiedlichster Geschmackserlebnisse.

Singleküche

Alle Rezepte sind für zwei Portionen berechnet. Sie lassen sich für die Singleküche einfach auf eine Einzelportion herunterrechnen. Oder Sie kochen doch gleich beide Portionen und frieren eine auf Vorrat ein.

Kochen für zwei

Wie schön, wenn beide den gleichen Geschmack haben! Wenn aber nicht, was genauso wahrscheinlich ist: Viele Rezepte haben Tipps für Abwandlungen dabei, sodass mit einmal kochen zwei unterschiedliche Esser glücklich gemacht werden können.

Für die Familie kochen

Zunächst wird gerechnet: Für vier die Zutatenmengen in den Rezepten ganz einfach verdoppeln und je nach Yogatyp und Geschmack abwandeln. Geschmack ist überhaupt ein wichtiger Indikator: kleinere Kinder mögen zunächst eher milde, süße Gerichte. Hier passen vor allem die Rezepte für den Energietyp oder die für die Meditation. Mit zunehmendem Alter sollten Sie Ihr Kind genau beobachten, ob es eher zu Rohkost oder zu gedünstetem Gemüse greift, ob es üppige oder leichtere Gerichte bevorzugt. Schon früh können Sie am Essverhalten die Konstitution Ihres Kindes erkennen und rechtzeitig gegensteuern.

Essen in der Kantine

Viele Unternehmen haben eigene Kantinen. Die Standardgerichte wie Schnitzel, Currywurst oder Pommes sind nicht geeignet, und die meisten Gerichte enthalten – leider immer noch – künstliche Zusatzstoffe und sollten gemieden werden. Häufig gibt es aber Salatbüfetts, und wenn Sie sich Ihr Dressing selber aus Öl und Essig zubereiten können, ist das ein perfektes Angebot. Selten hat man bei sich zuhause diese Vielfalt an Salaten und Gemüse! Ebenfalls gut: Ofenkartoffeln oder Pellkartoffeln mit Butter oder Quark.

Essen im Büro, Auto oder Zug

Gibt es keine Kantine, dann bietet dieses Buch viele Rezepte für unterwegs: Bei fast allen Salaten können Sie Salat und Dressing separat vorbereiten und verpacken und erst am Arbeitsplatz direkt vor dem Essen miteinander mischen. Die Dips sind geradezu ideal zum Mitnehmen – am besten verpackt in einer fest verschließbaren Frischhaltebox. Etwas Brot oder Gemüsesticks dazu und ein Stück Obst hinterher – und fertig ist das Mittagessen. Mit diesem Mittagsimbiss können Sie frisch und unbelastet bis zum Feierabend weiterarbeiten.

Kochen für Gäste

Sämtliche Rezepte sind so gesund und köstlich zugleich, dass sie jedem, selbst wenn er kein Yoga betreibt, schmecken müssen!

Damit ist schon einmal die Frage geklärt: Was koche ich, wenn Besuch kommt? Ganz einfach: Sie suchen sich die Rezepte aus, die Ihnen gut schmecken und für Ihre Konstitution geeignet sind und die Ihrem Haushaltsbudget entsprechen. Dann können Sie sicher sein, dass Sie mit einer Kürbis-Papaya-Suppe vorneweg, einer Lachsforelle mit Minze-Limetten-Butter oder Vanille-Hähnchenbrustfilet mit Tomaten als Hauptgang und einer Himbeer-Avocado-Creme zum Abschluss jeden Ihrer verwöhnten Gäste begeistern werden. Und Sie selbst können auch mit Genuss und nach Ihrem eigenen, gesunden Lebensstil essen.

Essen im Restaurant

Wer lange nach den Rezepten in diesem Buch gekocht hat, bekommt ein Gespür dafür, was gut für ihn ist, und was ihm nicht bekommt. Deshalb werden Sie bald herausfinden, welche Restaurants zu Ihrem Ernährungskonzept passen: Günstig sind Steakhäuser, nicht unbedingt wegen der Steaks. Denn dort bekommen Sie nicht nur wundervolle Ofenkartoffeln. Dem Ruhetyp wird das große Salatangebot gefallen, während der Energietyp mit den warmen Gemüsebeilagen auf seine Kosten kommt. Vielleicht gibt es dazu noch ein gegrilltes Hähnchenbrustfilet – dann ist der Restaurantbesuch perfekt.

Leicht haben Sie es auch in italienischen Restaurants: der Energietyp schwelgt in Nudeln mit Sahnesaucen, während der Ruhetyp die »Arrabiata«-Version bevorzugt.

In indischen Restaurants werden ebenfalls beide Yogatypen fündig: milde, sahnige Korma-Gerichte für den Energietyp und scharfe Curries, auch Vegetarisches für den Ruhetyp. Außerdem gibt es typgerechte Raitas und Lassis.

Schwierig könnte es in traditionellen China-Restaurants werden, wo häufig noch mit viel Glutamat gekocht wird. Fragen Sie lieber vorher nach. Und beim netten Griechen nebenan erkundigen Sie sich vorsichtshalber, welche Gerichte keinen Knoblauch enthalten.

Diejenigen, die viel meditieren, werden sich wie der Energietyp an milde, nicht belastende Gerichte auf der Basis von Kartoffeln oder Nudeln halten. Auch fein pürierte Gemüse-Creme-Suppen sind für sie sehr gut geeignet.

ZUTATEN UND YOGA-UTENSILIEN

Wir haben vorwiegend alltagstaugliche Rezepte entwickelt, deren Zutaten Sie in jedem Supermarkt, im Gemüseladen oder auf dem Wochenmarkt bekommen. Das betrifft die meisten frischen Obst- und Gemüsesorten, auch Fisch und Fleisch. Viele Basiszutaten wie Milch, Butter, Olivenöl, Kartoffeln, Haferflocken oder Honig stehen fast in allen Küchenschränken, sie müssen nur regelmäßig wieder aufgefüllt werden.

Je frischer und unbehandelter die Produkte, desto bekömmlicher sind die Gerichte. Viele Basisprodukte gibt es mittlerweile in den Supermärkten in Bioqualität zu moderaten Preisen.

Speziellere Zutaten – Mandelmus, Ghee, Pinienkerne, Kokoswasser, Sojasahne, Hafersahne, Agar-Agar, Quinoa oder Algenflakes – können Sie in Biomärkten oder Reformhäusern kaufen.

Tahini, Harissapaste und Couscous sind eher in orientalischen Läden erhältlich, aber viele türkische Gemüsehändler und gut sortierte Supermärkte haben sie ebenfalls im Angebot.

Typisch asiatische Zutaten wie Tamarindenpaste, Sambal oelek, Limettenblätter, Reispapier, Mungobohnen, Galgant, Wasabi oder Reisessig gehören zur Angebotspalette der Asiamärkte, die es in jeder größeren Stadt gibt. Wer nicht fündig wird, für den bietet das Internet Einkaufsmöglichkeiten (Adressen S. 142).

Gewürze bekommen Sie sowohl in Biomärkten und Reformhäusern als auch in Asiamärkten. Selbst Supermärkte führen oft gute Sortimente. Ausgefallene Gewürze und Gewürzmischungen lassen sich auch über das Internet bestellen (Adressen S. 142).

Wenn Sie eine Yogaschule in Ihrer Nähe suchen, gehen Sie am besten zuerst auf die Homepage des Berufsverbandes der Yogalehrenden (BDY). Dort finden Sie, indem Sie einfach nur Ihre Postleitzahl eingeben, ein Adressverzeichnis von YogalehrerInnen. Buchen Sie bei der Schule Ihrer Wahl zuerst eine Probestunde, um herauszufinden, wie Sie mit dem Yogastil und den Unterrichtsmethoden der Lehrkraft zurechtkommen. Da im Yoga nicht nur Körperübungen exakt und angemessen vermittelt werden sollen, sondern gleichzeitig auch Prozesse angestoßen werden, die bei der Bearbeitung der Persönlichkeitsstruktur helfen, muss der Kontakt zum Lehrer wirklich stimmig sein. Sie sollten ein sicheres Gefühl und Vertrauen zur Lehrkraft haben. Lassen Sie sich nicht zu schnell auf einen Vertrag ein. Wenn Sie noch unsicher sind, schließen Sie erst einen Probevertrag ab. Scheuen Sie sich nicht, eventuell sogar bei mehreren Yogaschulen Probestunden zu buchen, bis Sie das Richtige gefunden haben. Üben Sie, wann immer es möglich ist, auch zu Hause. Nutzen Sie die vielen Bücher, CDs und DVDs mit Übungen, die es in gut sortierten Buchläden und im Versandbuchhandel gibt. Zum Üben, egal, ob zu Hause und eventuell auch in Ihrem Yogastudio, brauchen Sie eine rutschfeste Matte. Kaufen Sie die Matte am besten bei einem Spezialanbieter (Adresse S. 142)! Die Billiganbieter verwenden oft Kunststoffe, die sehr stark ausdünsten und sich nicht umweltverträglich entsorgen lassen. Tragen Sie zum Üben bequeme Fitness- oder Wellness-Kleidung, und üben Sie barfuß oder in Socken.

GLOSSAR

Agar-Agar

Das geschmacksneutrale Geliermittel wird aus einer Algenart gewonnen und hauptsächlich für die Zubereitung von Gelees genommen. Es ersetzt in der vegetarischen Küche die Gelatine und hat die dreifache Gelierkraft von Gelatine. Damit es geliert, muss Agar-Agar immer 1 bis 2 Minuten mitgekocht werden.

Agavensirup

Der klare gelblich bräunliche Sirup wird aus den Blättern der Agavenpflanze gewonnen. Er schmeckt neutral-mild und eignet sich zum Süßen von Joghurt, Müsli, Drinks oder Tee. Er süßt stärker als Zucker und kann deshalb sparsamer dosiert werden.

Algenflakes

Sie sind eine Mischung aus Algenflocken (Nori, Meereslattich und Dulse). Sie können die Algenflakes als Fertigprodukt in Reformhäusern oder Bioläden kaufen. Alternativ kann man ein Noriblatt, wie es für Sushi verwendet wird, in kleine Stückchen schneiden (Bild links unten).

Daikonkresse (Bild unten)

Sie sieht wie Gartenkresse aus, hat jedoch größere Blättchen mit einem rettichartigen, scharfen Geschmack. Rote oder grüne Daikonkresse (Daikon – japanischer Rettich) wird in Holland produziert und soll wie andere Kressesorten auch nur roh verwendet werden.

Dinkel

Diese Getreideart ist das »Urkorn« und ist ein Verwandter des Weizens. Dinkel schmeckt leicht nussig und enthält viele Vitamine, Mineralstoffe und reichlich Kieselsäure. Wegen seines hohen Anteils an Klebereiweiß (Gluten) hat Dinkel hervorragende Backeigenschaften und ist eine gute Alternative für alle, die auf Weizen allergisch reagieren.

Frühstücksgurken

Die Minigurken sind eine Sonderform der Salatgurke mit festerem Fruchtfleisch und intensiverem Geschmack. Sie werden 12 bis 20 cm lang und wiegen zwischen 100 und 250 g.

Galgant

Die mit dem Ingwer verwandte Wurzel ist nicht so scharf, schmeckt dafür süßlich mit leicht harziger Note. Die helle, zartrosafarbene Wurzel wird geschält und je nach Rezept gehackt oder gerieben.

Ghee

Ghee ist geklärte Butter, stärker erhitzbar als Butter und ohne Kühlung lange haltbar. Ghee bekommen Sie in Asiamärkten, können es aber auch leicht selber herstellen: Butter in Stücke schneiden und bei schwacher Hitze unter Rühren schmelzen lassen, bis sie zu schäumen beginnt. Dann bei schwacher Hitze etwa 30 Minuten köcheln lassen. Wenn die Butter vollkommen klar ist, alles durch ein mit einem sauberen Tuch ausgelegtes Sieb gießen, um die Rückstände zu entfernen. Zum Aufbewahren in ein gut schließendes Glas füllen.

Granola

Granola ist ein im Ofen gebackenes Müsli, das auch als »Knuspermüsli« bekannt ist.

Gremolata

Gremolata ist eine frische italienische Gewürzmischung aus Knoblauch, Petersilie und Zitronenschale, die traditionell auf Ossobuco gestreut wird. Je nach Geschmack lässt sich das Rezept für Gremolata auch mit anderen Kräutern oder Orangenschalen abwandeln.

Hafersahne

Eine pflanzliche Alternative zu Sahne. Sie eignet sich zum Binden von Saucen und zum Verfeinern von Desserts. Hafersahne ist milch-, soja- und cholesterinfrei, bei einem Fettgehalt von 13 Prozent und etwa 150 kcal/100 ml.

Harissa

Die feurig scharfe Paste enthält Chilischoten, Knoblauch, Olivenöl, Koriander und Cumin. Die Fertigpaste gibt es in Tuben in arabischen Supermärkten.

Kakifrucht (siehe auch Sharonfrucht)

Die Früchte ähneln gelblichen Tomaten. Ihr Fruchtfleisch schmeckt wie eine Mischung aus Melone und Aprikose, dabei honigartig und leicht nach Vanille. Zum Verzehr müssen Kaki (und Sharon) vollkommen reif sein, also ganz weich mit dunkelorangefarbener Schale. Unreife Kakis enthalten noch viel Gerbsäure, wodurch sie herb und säuerlich schmecken.

Kaffir-Limettenblätter

Die glänzend dunkelgrünen Blätter haben ein intensives Zitronenaroma und werden im Ganzen mitgekocht. Damit sich das Aroma optimal entfaltet, kann man die Blätter zuvor an den Seiten einschneiden. Limettenblätter lassen sich auch problemlos einfrieren. Getrocknete Limettenblätter können Sie im Blitzhacker zerkleinern, durchsieben und fein dosiert an die Speisen geben.

Kochbananen (Bild oben)

Kochbananen sind größer und kantiger als Obstbananen, haben eine grüne Schale und ein festes, nicht süßes, sondern sehr stärkehaltiges Fruchtfleisch. Sie werden nicht roh gegessen,

sondern gekocht, gegrillt, frittiert oder gebraten. Reife Kochbananen haben eine gelbe, teils schwarz verfärbte Schale.

Kokoswasser

Kokoswasser stammt aus frischen, grünen Kokosnüssen, die es manchmal in Asiamärkten gibt. Kokoswasser im Tetrapak gibt es in Bioläden und Reformhäusern. Die halbklare, wässrige Flüssigkeit ist quasi fettfrei und hat 24 kcal pro 100 ml. Kokosmilch dagegen ist dickflüssig, weiß und sehr fetthaltig.

Limettenblätter

Siehe Kaffir-Limettenblätter.

Limettenkresse (Limonenkresse)

Wird wie Daikonkresse in kleinen Schalen angeboten. Schmeckt nur leicht scharf mit intensivem Limettenaroma.

Macis (Muskatblüte) (Bild oben)

Macis ist der Samenmantel, der die Muskatnuss umgibt. Frisch ist sie leuchtend rot, durch das Trocknen wird sie orangefarben. Macis gibt es ganz oder gemahlen und passt gut zu asiatischen Reisgerichten, Kompott oder zu Süßspeisen mit Reis.

Masala

Masala ist der indische Begriff für Gewürzmischung. Am bekanntesten ist Garam Masala, was so viel wie »Warme Mischung« heißt. Auch das Currypulver ist eine Masala.

Mungbohnen (Moog Dal)

Die erbsengroßen grünen Sojabohnen sind innen goldgelb und schmecken mild und leicht süßlich. In Asien werden sie frisch angeboten, bei uns getrocknet: als ganze, grüne, ungeschälte Bohnen oder geschält, halbiert und goldgelb. Sie sind leicht verdaulich, vitamin- und mineralstoffreich. Mungbohnen müssen nicht eingeweicht werden: ungeschälte brauchen ca. 1 Std. zum Garen, geschälte nur 20 bis 30 Minuten.

Pastinaken

Die weißgelblichen Rüben duften angenehm süßlich. Sie werden wie Möhren oder Kartoffeln zubereitet und meistens zu Pürees verarbeitet. Sie schmecken ähnlich wie Petersilienwurzeln, nur milder.

Physalis (Kapstachelbeere)

Die kleinen orangegelben runden Beeren, sind von einem papierdünnen »Lampion« umgeben. Sie schmecken intensiv fruchtig-säuerlich, mit einem angenehmen Kirscharoma. Trocken bei etwa 10° gelagert sind Physalis 1 bis 2 Wochen haltbar.

Pitahaya (Drachenfrucht) (Bild unten)

Die tropische Kaktusfrucht hat ein geleeartiges,

süßsäuerliches weißes Fleisch mit schwarzen Samen, die mitgegessen werden. Das Fruchtfleisch der gelben Pitahaya ist aromatischer als das der attraktiven rot-grünen Pitahaya.

Polenta

Polenta ist ein Brei aus Maisgrieß. Besonders einfach ist die Zubereitung mit vorgegartem Instant-Polentagrieß. Er wird in eine kochend heiße Flüssigkeit gestreut und braucht dann noch etwa 7 Minuten zum Ausgequellen.

Quinoa

Bereits vor 5000 Jahren bauten die Inkas Quinoa im Hochland Boliviens an. Die hirseähnlichen Körner müssen vor der Verwendung sehr gründlich heiß abgespült werden, um den etwas bitteren Geschmack zu entfernen.

Raita

Raita kommt aus Indien und besteht aus rohem Gemüse, Joghurt und Gewürzen. Raitas werden meist als erfrischende Beilage gereicht, können aber auch einen Salat ersetzen oder wie ein Dressing verwendet werden.

Reisessig

Der meist verwendete Reisessig ist hell und wasserklar. Er hat einen milden Geschmack mit süßlicher Note und wird traditionell zum Säuern von Sushireis verwendet. Er ist besonders gut in Verbindung mit heller Sojasauce und Sesamöl.

Reispapier

Das sind pergamentartige Blätter, die aus Reismehl, Wasser und Salz hergestellt werden. Sie werden kurz in kaltes Wasser eingeweicht und dann als Hülle von Frühlingsrollen und anderen gefüllten Snacks verwendet. Die Reispapierröllchen kommen anschließend meist ins Frittierfett, sie schmecken aber auch roh sehr gut. Rohe Frühlingsrollen sollten Sie bis zum Servieren mit Frischhaltefolie schützen, damit sie nicht wieder austrocknen.

Salzkapern (Bild oben)

Sie kommen aus Sizilien und werden ohne weitere Zutaten in Meersalz eingelegt. Dadurch bewahren sie sich ihren charakteristischen Eigengeschmack. In Lake eingelegte Kapern nehmen dagegen den säuerlichen Essiggeschmack an. Sie können Salzkapern vor der Verwendung abspülen oder gleich mit dem Salz verwenden, dann aber Vorsicht beim Salzen.

Schwarzkümmel

Die kleinen, kantigen, samtigschwarzen Samen haben ein intensives Aroma und schmecken rauchig-herb und nussig. Man benutzt sie als Brotgewürz oder streut sie über Dips oder Kartoffelgerichte. Die Samen lassen sich gut in der Pfeffermühle mahlen.

Sesamöl

Sesamöl wird aus Sesamsamen ohne weitere Zusatzstoffe gepresst. Es hat ein starkes, nussiges Aroma und eignet sich mehr als Würzöl als zum Braten und sollte keinesfalls stark erhitzt werden.

Sharonfrucht (siehe Kakifrucht)

Bei der Sharonfrucht wurde die Gerbsäure vermindert. Man kann sie sowohl butterweich als auch fest essen. Der Geschmack entwickelt sich jedoch erst, wenn die Sharon reifer und weicher ist und das Fruchtfleisch geleeartig wird. Sharon (und Kaki) reifen am besten bei Zimmertemperatur nach.

Sojasahne

Sojasahne ist eine weiße Sojacreme mit etwa 18 Prozent Fett und einer Konsistenz wie Sahne. Das Sojaprodukt ist eine pflanzliche Alternative zu Sahne und Crème fraîche und kann auch wie diese verwendet werden. Sie ist laktose- und glutenfrei und damit für Allergiker geeignet.

Tahini

Eine Paste aus gemahlenen Sesamsamen. Die hellere Paste wird aus geschälten Sesamsamen hergestellt und schmeckt milder als die herbere, dunklere Paste aus ungeschälten Sesamsamen. Die Paste kommt in orientalischen Gerichten, in Dressings und als Brotaufstrich zum Einsatz.

Tamarindenpaste

Das braune, klebrige Fruchtmark der Tamarindenschoten gibt es als fest gepressten Block oder als küchenfertige Paste. Sie schmeckt herb und sauer, aber nicht bitter, und gleichzeitig fruchtig-erfrischend. Tamarinde eignet sich zum Säuern von Speisen, zum Beispiel von Currygerichten, Suppen, Chutneys und Dals.

Urad Dal (Bild links)

Das sind geschälte, ursprünglich schwarze, Linsen. Die ausgelösten weißen Linsen schmecken mild nussig und sind sehr bekömmlich.

Wasabi

Grüner, sehr scharfer Meerrettich aus Japan, der für Sushi verwendet wird, sich aber ähnlich wie geriebener Meerrettich für Dips und Saucen eignet. Gibt es als Pulver in kleinen Dosen oder als Paste in Tuben in Asiamärkten.

Zedernkerne

Zedernkerne (Zedernnüsse) stammen meist von der sibirischen Zeder. Sie sind vergleichbar mit Pinienkernen, jedoch kleiner, können aber wie diese verwendet werden. Trockenes Rösten ohne Fett erhöht den feinen, aromatischen Geschmack. Zedernkerne sind besonders reich an Vitamin B, D und E sowie Mangan, Eisen, Magnesium und Jod. Man bekommt sie in Reformhäusern und Bioläden.

SACHREGISTER

REZEPTREGISTER

ZUM NACHSCHLAGEN

Bücher, die weiterhelfen

Rosenberg, Kerstin: Das große Ayurveda-buch, Gräfe und Unzer Verlag, München 2004
Trökes, Anna/Grunert, Detlef: Das Yoga-Gesundheitsbuch, Gräfe und Unzer Verlag, München 2007
Trökes Anna: Das große Yoga-Buch, Gräfe und Unzer Verlag, München 1999

...mehr von Anna Trökes

Yoga für Rücken, Schulter und Nacken.1999/2007
Yoga. Mehr Energie und Ruhe (Übungs-buch mit CD). 2002
Yoga-Fitness. 2007
Die Yoga-Box. 2003
Yoga ab 40. 2004
Yoga. Kraft für die Seele. 2005
Yoga zum Entspannen. 2006
GRÄFE UND UNZER VERLAG, MÜNCHEN

Weitere Titel

Yoga. Was Sie schon immer wissen wollten. Theseus Verlag, Stuttgart 2005
Desikachar, T.K.V.: Über Freiheit und Meditation. Das Yoga Sûtra des Patañjali; Via Nova, Petersberg 1997

Zeitschriften

Deutsches Yoga-Forum; hrsg. vom BDY, Göttingen (Adresse rechts), erscheint zweimonatlich
Yoga aktuell (im ausgewählten Zeit-schriftenhandel)

Adressen, die weiterhelfen

Angepasste Gewürzmischungen für die verschiedenen Yogatypen können Sie fertig kaufen bei:
www.1001gewuerze.de

Gute aromatische Einzelgewürze und Gewürzmischungen gibt es bei:
www.gourmet-versand.eu
www.violas.de

Eine große Auswahl indischer und asiatischer Zutaten wie Reis, Hülsen-früchte, trockene Gewürze oder frische Zutaten wie Chili, Ingwer und Koriandergrün erhalten Sie bei:
www.gourmondo.de

Naturkost und indische Nahrungsmittel finden Sie unter:
www.naturkost.com
www.indu-versand.de
www.india-food.de

Yoga-Utensilien können Sie bestellen bei:
Bausinger GmbH
Hauptstraße 12
D–72479 Straßberg-Kaiseringen
E-Mail: info@bausinger.de
Internet: www.bausinger.de

Yogishop
Wendelins 1c
D–87487 Wiggenbach
Tel.: 0049(0)8370/92173-0
E-Mail: post@yogishop.com
Internet: www.yogishop.com

Qualifizierter Yogalehrer/innen in Ihrer Nähe:
BDY–Berufsverband der Yogalehrenden in Deutschland e.V.
Jüdenstraße 37
D–37073 Göttingen
E-Mail: info@yoga.de oder info@bdy.de
Internet: www.yoga.de oder www.bdy.de

SYG–Schweizerische Yoga- Gesellschaft, Sekretariat
Aarbergergasse 21
CH–3011 Bern
sekretariat@syg.ch

Adresse der Autorin:
Prana-Yogaschule
Anna Trökes & Team
Bismarckstr. 97/98
D-10625 Berlin
E-Mail: info@prana-yogaschule.de
Internet: www.prana-yogaschule.de

Impressum

Die Autorinnen

Bettina Matthaei ist als Kochbuchautorin, Food-journalistin, Grafikerin und Trickfilmerin vielfach kreativ. Aus ihrer Leidenschaft für das Kochen und ganz besonders für Gewürze entstanden viele Kochbücher, Kolumnen, Vorträge und Workshops. Ihre ausgefallenen, aromatischen Gewürzmischungen kann man auch online bestellen (www.1001gewuerze. de). Auf ihren zahlreichen Reisen in die klassischen Gewürzländer Indien, Indonesien oder Brasilien, in die Karibik oder arabischen Länder lässt sie sich inspirieren (www.bettina-matthaei.de).

Anna Trökes unterrichtet seit 1974 alle Formen des Yoga und bildet seit 1983 Yogalehrer aus. Schon immer war ihr dabei bewusst, dass es einen »Yoga des Essens« gibt, und dass der Erfolg einer Yogapraxis auch von der Qualität der Ernährung abhängt. Das bestätigte sich für sie auch in den sehr beliebten Kochkursen mit dem italienienischen Sternekoch Marco Ceriani (Sw.Bodhiprem), bei denen die Meditation immer ein wichtiger Bestandteil war.

Der Fotograf

Michael Boyny, weit gereister Fotograf und leidenschaftlicher (Geschmacks-)Abenteurer und aufmerksamer Beobachter entdeckte durch seine Frau sein Interesse für Yoga. Seine Beobachtungen nutzte er in seinem Studio in München, wo er zusammen mit dem Foodstylisten Daniel Petri die raffinierten Genüsse sinnlich in Szene setzte. Seine Fotos werden von Redakteuren anspruchsvoller Food-Magazine und Kochbuchverlage geschätzt.

© 2008
GRÄFE UND UNZER VERLAG GmbH, München

Programmleitung: Doris Birk
Leitende Redakteurin: Birgit Rademacker
Redaktion: Susanne Lang
Lektorat: Maryna Zimdars, München
Umschlaggestaltung und Innenlayout: independent Medien-Design, Karin Drexler, München
Herstellung: Susanne Mühldorfer
Satz: Bernd Walser Buchproduktion, München
Reproduktion: Longo AG, Bozen
Druck: Firmengruppe Appl, aprinta druck, Wemding
Bindung: Sellier, Freising

ISBN 978-3-8338-0958-3

1. Auflage 2008

Unsere Garantie

Alle Informationen in diesem Ratgeber sind sorgfältig und gewissenhaft geprüft. Sollte dennoch einmal ein Fehler enthalten sein, schicken Sie uns das Buch mit dem entsprechenden Hinweis an unseren Leserservice zurück. Wir tauschen Ihnen den GU-Ratgeber gegen einen anderen zum gleichen oder ähnlichen Thema um.

Liebe Leserin und lieber Leser,

wir freuen uns, dass Sie sich für ein GU-Buch entschieden haben. Mit Ihrem Kauf setzen Sie auf die Qualität, Kompetenz und Aktualität unserer Ratgeber. Dafür sagen wir Danke! Wir wollen als führender Ratgeberverlag noch besser werden. Daher ist uns Ihre Meinung wichtig. Bitte senden Sie uns Ihre Anregungen, Ihre Kritik oder Ihr Lob zu unseren Büchern. Haben Sie Fragen oder benötigen Sie weiteren Rat zum Thema? Wir freuen uns auf Ihre Nachricht!

Wir sind für Sie da!
Montag - Donnerstag: 8.00 – 18.00 Uhr;
Freitag: 8.00 – 16.00 Uhr
Tel.: 0180 - 5 00 50 54*
Fax: 0180 - 5 01 20 54*
E-Mail: leserservice@graefe-und-unzer.de

*(0,14 €/Min. aus dem dt. Festnetz/ Mobilfunkpreise können abweichen.)

P.S.: Wollen Sie noch mehr Aktuelles von GU wissen, dann abonnieren Sie doch unseren kostenlosen GU-Online-Newsletter und/oder unsere kostenlosen Kundenmagazine.

GRÄFE UND UNZER VERLAG
Leserservice | Postfach 86 03 13 | 81630 München

GRÄFE UND UNZER

Ein Unternehmen der
GANSKE VERLAGSGRUPPE